郦波解读中华传统智慧

# 郦波讲为人之道

郦波 著

GUANGXI NORMAL UNIVERSITY PRESS
广西师范大学出版社
·桂林·

LIBO JIANG WEIREN ZHI DAO
郦波讲为人之道

出版统筹：汤文辉
品牌总监：耿　磊
选题策划：耿　磊　冬早文化
责任编辑：王芝楠
美术编辑：卜翠红
营销编辑：杜文心　钟小文
责任技编：王增元

**图书在版编目（CIP）数据**

郦波讲为人之道 / 郦波著. —桂林：广西师范大学出版社，2020.9
（郦波解读中华传统智慧）
ISBN 978-7-5598-3059-3

Ⅰ. ①郦… Ⅱ. ①郦… Ⅲ. ①中华文化－青少年读物 Ⅳ. ①K203-49

中国版本图书馆 CIP 数据核字（2020）第 134977 号

广西师范大学出版社出版发行
（广西桂林市五里店路 9 号　邮政编码：541004
网址：http://www.bbtpress.com）
出版人：黄轩庄
全国新华书店经销
保定市中画美凯印刷有限公司印刷
（河北省保定市西三环 1566 号　邮政编码：071000）
开本：880 mm × 1 240 mm　1/32
印张：6　　字数：93 千字
2020 年 9 月第 1 版　　2020 年 9 月第 1 次印刷
定价：39.80 元

# 写给爱读书的你

在从事中国优秀传统文化普及工作的过程中，很多朋友建议我开办一个“沧溟书院”，以便让更多的人能够通过接受系统的优秀传统文化教育，从而更加全面地了解中国文化，并获得对生命的体悟和对文化的认同。但囿于种种条件，主要是因为教职在身，在短时间内筹建这样一座书院似乎是不现实的；不仅如此，其实任何实体的书院也都会因为场地的原因而有学员人数的限制，总会让许多想进书院学习的人无法如愿。

所以，我决定先建一所没有围墙、不受空间局限的虚拟书院；今天，当你打开这套书的时候，你就成为“沧溟先生”的学友、书友。

当年，我曾经以“中华家训丛书”为题编过四本书，其实那还只是一个雏形，距离我的理想还有很大的距离。因此，接到好友夏德元的邀约为广西师范大学出版社策划一套面向青少年的传统文化读物时，我便想对原来那套书进行重新修订，并增加新的内容，以期从新的角度为当代青少年提供一个入世的门径。

“郦波解读中华传统智慧”这套书的出版，能够完成我一个心愿，也就是我一直想做的一件事——告诉读者朋友如何养成好的学习习惯，形成优雅的气质，学会与人相处，获得有价值的人生。当然，也很希望这套书能够成为父母跟孩子一起阅读的书，因为其中许多故事都发生在父辈与孩子之间，亲子共读就是最好的陪伴。

书中所讲的内容，与今天每个人面对的压力、困惑有关，而这些压力与困惑往往正是家庭所带来的。如何化解这些问题，是大家十分关心的，也希望这套书能给你实际的帮助。

要解决家庭教育和人生成长过程中的诸多问题，有各种方式；而中华传统文化中的优秀基因，就给了我们思考、解决这些问题的正确思路。从中华优秀传统中学习人生的智慧，并在人生的成长过程中结合现代科学的教育方法加以灵活运用，也是我们所期待的。

对现代人而言，尤其是对今天的青少年而言，空间高度折叠，时间空前压缩，我们要学习的知识水涨船高，要掌握的本领多多益善，时间常常显得不够用了。那么，在较小的篇幅内讲明白一些人生的大问题，并让大家有所启发，这也就是我想要在这套书中完成的任务。

我已经做好了准备，你做好准备了吗？

2020 年 6 月 1 日于石头城

# 目录

郦波讲为人之道

第一讲

# 对占有欲最大的挑战

**以不贪而为宝，处膏脂而莫润。**

——韦世康《与子弟书》

说到中国历史上的清官，首推包公。

包公在临终前有一句遗言非常有名。他说：“我包拯的后人，如果有人做了官敢贪污的话，除依国法惩处之外，我们包家的家法也会惩罚他：此人死后，绝不许将其葬入包家的祖坟，我包拯绝不认这样的子孙！”

这在中国古代，可以算是处罚最严厉的一条家法了。中国古代并没有严格意义上的宗教，中国文化不信奉鬼神，中国人崇拜的是祖先，不能葬入祖坟，意味着生命丧失了最终的归宿，这在古人看来就是最大的惩罚。

那么，包拯为什么要对后人贪污者给予最严厉的惩罚呢？

这是因为贪婪可以说是人性恶的一面的本源。

人性本来是善良的，还是恶劣的？这个问题自孟子和荀子以来争论了两千多年。

儒家亚圣孟子主张“人性本善”，受这一思想的影响，《三字经》开篇就说，“人之初，性本善”。但儒家另一位大师荀子却主张“人性本恶”，荀子的一个重要证据是人“生而好利”，就是说人贪婪的本性与占有欲是天生的。当然，还有告子主张的“人性本无善恶论”。

不论这个问题的结果如何，对人性客观而理智的审视却是我们为人立品的一个重要的前提条件。

其实，人本来是一个矛盾的综合体。人性中既有善的一面，也有恶的一面。

试想，人性中若是没有善的一面，你的心中为什么会自然而然地生出亲情、友情与爱情的温暖？有些爱是不用教的，是发自本能的，这就是人性中本来就有的善的一面。

当然，人性中也肯定有与生俱来的恶的一面。小孩子在牙牙学语的时候，虽然还不能清楚地表达，但肢体语言所要表达的主要内容一定是拿，是索取，而不是给予。一个小孩子如果不要一样东西了，一定是想要更好的东西。如果他抛弃的东西有其他人想要，他又会转而不舍，这就是与生俱来的占有欲。

这种欲望不被克制与修正的话，很快就会衍化成无休止的占有，这就是贪婪。

人在少年时，要学会与人分享，继而学会谦让，这其实就是对人之贪婪本性的修正与纠偏。在中国古代，孔融让梨的故事会备受推崇，就是这个道理。

孔融四岁的时候，有一天，父亲的朋友带了一盘梨来，父亲让孔融来分给兄弟们吃。孔融把大的梨让给了哥哥与弟弟，而自己却只拿了个最小的。

父亲问他为什么这样分，他说："我年龄小，做弟弟的要敬重兄长，当然要把大梨给兄长。"父亲又问为什么弟弟的梨也比他的大，孔融说："弟弟小，我当哥哥的要爱护他，当然要把大梨给弟弟。"

父亲听了孔融的理由赞叹不已。"融四岁，能让梨"从此成为儒家文化的一个经典。

有人认为孔融有作秀的嫌疑，甚至还有人说，可能孔融本来就不喜欢吃梨，看到梨，索性拿小的。这种看法又刚好体现了人性中另一个恶的方面——妒忌、猜疑，总是从恶的一面去揣测别人的动机。

其实，孔融当时只有四岁，绝不会有作秀的心机，他被儒家文化所推崇的关键并不在于让梨的行为，而在于让梨的动机与理由。而这种自幼儿开始就具有的与人分享美好事物，甚至先人后己的谦让品德，就是对人性贪婪与占有欲最大、最成功的挑战。

所以，儒家文化在推崇“学而优则仕”的同时，首先强调的就是清廉。于是在中国古代官场中最被推崇的官员并不是“能吏”，而是“清官”。

中国人对“清官”的推崇，在全世界的范围来看，也是首屈一指的。包拯、海瑞、况钟、于谦、于成龙，这些人的能力都非常强，所留下的历史政绩也非常突出。人们之所以推崇他们，只因为他们是不贪、不占、不谋私利的大清官。

海瑞被称为“南包公”，他最有名的故事是“抬棺骂皇帝”与“海瑞罢官”，但最被人称颂的事迹，则是他虽然身居当朝二品大员，临终前居然家徒四壁，穷得叮当响。海瑞死后，他的同事来为他办理丧事，想看看他有什么值钱的东西留下来，可是到了海瑞家一看，穷困的景象甚至让同事都流下泪来，后来还是大家凑钱才把丧事办了。

然而海瑞的临终遗言却出人意料地与钱有关。他去世前交代一个跟随自己多年的老仆人，说："上个月朝廷发取暖费，多发给了我七钱银子，这一定是搞错了。我海瑞一生不贪一厘一毫，你一定要帮我把这七钱银子还回去，否则我死不瞑目。"在老仆含泪答应后，他才放心地长逝。

包公的惩贪家法，海瑞的临终还钱，都说明了中国文化对贪婪的痛恨与对清廉的推崇。

西方人不太理解中国文化的这种道德内涵，以为儒家推崇清官文化完全没有必要，甚至某些时候还把孔融让梨作为一个反例，认为孔融让梨是教人虚伪，应该主张谁的表现最好谁就应该获得最高的奖赏，无所谓让与不让。这完全是由于他们没有真正理解、真正领悟儒家文化的精髓。

儒家文化的精髓是讲究修身，而修身的终极意义是不放弃每一个人，是让每一个人都能成为自己的老师，是让每一个人都能超越自我的限制与束缚。每时每刻都能战胜自己人性中恶的一面，并在克制与努力中发挥出人性中善的一面来，才是修身的真谛，才是人之为人的伟大之处。

所以，在儒家看来，“清廉”与“谦让”，事关人的品格，这是为人处世的根本。而在西方看来，“能力”与“奖赏”，事关人的价值，这是社会进步的力量。出发点不同，视角自然不同。

沧溟先生如是说

品格修养，是人之为人的根本。就像一棵树，要想长成参天大树，必须立根扎实，立身正直。如果一棵树一开始就长歪了，就算再有生命力，也难长成栋梁之材。人也是这样，只有超越人性中恶的一面，立身中正，才有长成“参天大树”，成为“栋梁之材”的可能。

第二讲

# 改掉傲与惰

天下古今之庸人，皆以一惰字致败；天下古今之才人，皆以一傲字致败。

——曾国藩《曾国藩家书》

天下的庸人，之所以一辈子平庸无为，都是因为一个“惰”字所致；天下的有才人，虽然有才，但或者一事无成，或者前功尽弃，都是因为一个“傲”字所致。所以最“败人”、最容易导致灰色人生的两个恶习，一是惰，一是傲。

曾国藩的这段家训名言，实在说得精彩。

曾国藩有一个特别喜欢的学生，就是那个绝顶聪明又浑身毛病的李鸿章。

李鸿章，号少荃，安徽人，年轻时据说长得“南人北相”，身高一米八，能文能武，胸怀大志，自命不凡，曾经自比西汉时扫荡匈奴的名将霍去病。他参加科举之前写过一组诗，其中一句“一万年来谁著史，三千里外欲封侯”，当时就被广为传颂。曾国藩尤其欣赏他的志向远大，但同时也看出李鸿章有志大才疏和浮夸不实的毛病。

曾国藩办湘军，手下干将与幕僚大多数是湖南人，李鸿章作为一个安徽人能成为曾国藩的心腹,在湘军里显得非常独特。李鸿章为人聪明，文章写得也好，又得曾国藩器重，渐渐变得傲气起来，很多人都不被他放在眼里。

因为是富家子弟，李鸿章过惯了舒服日子，所以还有一个睡懒觉的习惯。而曾国藩却是最看不得人睡懒觉。

曾国藩学习的是戚继光的治军之法，特别注重思想教育和纪律约束，要求部队所有将士卯时，也就是早晨五点多钟就得起床，六点左右就得吃完早饭，然后立即投入战斗，没有战斗就练兵。

这样的军营生活，李鸿章可就受不了了。

一天，李鸿章又睡过头了。当时是冬天，天非常冷。李鸿章醒过来的时候，发现已经过了部队的起床时间，心想既然已经迟了，那就不起了，再多睡会儿吧！在冬天的早晨，暖烘烘的被窝实在是这个世界上最让人留恋的地方。于是，李鸿章就躲在自己的屋里接着睡。

他刚准备舒舒服服地睡个回笼觉的时候，突然有人来敲门。李鸿章吓了一跳，心想谁会这么早来敲他一个幕僚的门啊？所以他也没起床，就躺在被窝里问是谁敲门。

门外的人回答说是曾大帅的亲兵，奉大帅之命请李鸿章一起去吃早饭。原来曾国藩有个习惯，为了督促他手下的人早起床，要求每天早晨所有的幕僚都要和他共进早餐，大家集合好了一起吃食堂，一个都不能少，谁也落不下。

李鸿章一听曾国藩让人催他起床吃早饭，觉得很丢脸，心想这会儿我再去，大家肯定会看我的笑话。他就大声告诉门外的亲兵自己今天头痛，早饭不想吃了。听了这话，这个亲兵就走了。

亲兵走后，李鸿章踏实了，心想不就一顿早饭嘛，不吃就不吃了，能睡个懒觉，总比大冬天爬起来吃早饭强啊。他想得挺好，觉得少吃顿早饭、多睡个懒觉又不是什么大事，肯定不会有人管他。

可是李鸿章想错了，他才要睡着，又有人来敲门。李鸿章有点儿火了，大喊一声："大清早的还让不让人睡觉啊！"门外那位虽然没明说不让，却很坚决地回答了李鸿章的疑问。来人还是刚才那个亲兵，他听见李鸿章在屋里嚷嚷，很冷静地回答说：“大帅说了，今日必定等齐幕僚们，才吃早饭。”

李鸿章一听这话，心里咯噔一下，看来自己这觉没法睡了，老师的意思是如果他李鸿章不起床，没有一起吃早饭，老师和所有的幕僚就都不吃了，都等他一人。

李鸿章吓得赶紧向温暖的被窝告别，匆匆忙忙穿上衣服，跟着亲兵来到了食堂。到了食堂一看，果然，曾国藩和所有的幕僚都坐在那里等着。

曾国藩见李鸿章进来，神态很平静，一如平常。李鸿章一落座，曾国藩拿起筷子就吃饭，所有的人跟着一起吃饭，李鸿章也只好端起碗来跟着吃。只是跟往日吃饭时曾国藩喜欢说说笑笑不同，整个早饭过程，曾国藩一言不发。他是大帅，他不说话，谁还敢说话。李鸿章想，这都是因为自己睡懒觉来晚了，才把这顿早饭搞成了这样，所以吃归吃，心里的压力着实很大。

过了半天，曾国藩终于放下了筷子，他突然站起身来，对还在喝稀饭的李鸿章很认真地说：“少荃，你既然跟着我想做番事业，我就有言相告，到我这里来的人，都得守一个‘诚’字！”说完，曾国藩拂袖而去。

据说，当时李鸿章端着个碗，站立当地，一时呆若木鸡。

为什么曾国藩说要守一个“诚”字呢？

因为曾国藩平常喜欢讲“血诚”，他把“诚”看成是修身、立品的关键。所以树立“诚”品必先克服恶习，若改不得傲与惰，便立不得好品格！言下之意，你要是改不了恶习，那就不要再跟着我了。

曾国藩这个实践教育的效果出奇理想，自此，李鸿章痛自反省，再也不敢睡懒觉了，也从此改掉了傲慢与自大的毛病。改掉傲与惰的毛病后，李鸿章日进千里，大有作为，在曾国藩的培养下，成为继曾国藩之后晚清的一代重臣。

其实，奋发图强的思想，是我们中华民族最早最重要的精神基因之一，得到了很好的传承。

根据史书记载，商汤王在自己的澡盆上，就镌刻着 “苟日新，日日新，又日新” 的铭文，以勉励自己不可懈怠，要敢于自我革新，天天进步。

先秦典籍《易经》里也说：“天行健，君子以自强不息；地势坤，君子以厚德载物。”推崇的就是自强而又温厚的人格。

这句话后来成为清华大学的校训，激励一代代莘莘学子奋发有为，同时又要谦虚谨慎，成为谦谦君子。

沧溟先生如是说

虽然我们常说“懒惰”，但“懒”和“惰”的意思不完全一致。“懒”是无所事事，而“惰”是知道有该做的事，却只做不该做的事，比如年轻人沉迷于网络。很多人实现不了梦想，并不是条件不够，只是因为要么早上起不了床，要么晚上下不了线。

其实傲慢也是一种“惰”，不肯看自己的不足，自以为是，其本质也就是惰于超越旧我。

第三讲

# 人生的『三不』原则

不贪财，不失信，不自是，有此三者，自然鬼服神钦，到处人皆敬重。

——曾国藩《曾国藩家书》

贪婪、虚伪与傲慢之间，其实是有着内在的联系的。

因为贪婪，就会毫不控制内心的占有欲望，能占有的固然不放，本不属于自己的，甚至不可以占有的，也要想尽一切办法据为己有。这样就会无所不用其极，就会无原则地使用一切手段。欺骗就是最常用、最有效的一个手段。

当欺骗成习惯后，人就会变得越来越虚伪。因为虚伪，便不以欺骗、阴谋为耻，反倒以之为能。因为以之为能，必然自以为是，沾沾自喜，反倒把守规矩、讲原则、正直的人不放在眼里，久而久之，傲慢也就成了习气。

所以，要做一个堂堂正正、大写的人，除了要根除贪婪的“恶根”，还要提防的恶劣品性，就是欺骗与虚伪。

后人公认明代最虚伪、最擅长欺骗的一个人就是严嵩。

严嵩出身贫寒之家，后来中了科举，做了翰林。他起初还能恪守贫寒子弟的心态，但随着官位越来越高，看着别人飞黄腾达后的奢华享受，也不禁心态失衡。做了国子监祭酒后，他常说“禄不逮养，学未有闻”之类的话，就是嫌工资不够高，生活不够好。相关学者研究也认为，就是从这时候起，严嵩变得越来越贪婪，也因此变得越来越虚伪。

当嘉靖皇帝因为“大礼议”的事件跟满朝文武生闷气时，严嵩见风使舵，刻意迎合嘉靖皇帝，于是一路青云直上。可是因为他的行动比较慢，迎合的动作也非常小心，风头都被夏言抢了去，所以在嘉靖眼里，夏言比严嵩重要得多。

严嵩一方面在心底对夏言恨之入骨，另一方面又在表面对夏言低声下气，甚至不惜自降身份，对夏言唯命是从。夏言因此越发看不起严嵩，对他呼来喝去。严嵩表面上没有表现出一丝一毫的不满，骨子里却已决定必须要置夏言于死地。

嘉靖皇帝信道教，求长生不死，没事的时候总喜欢搞些道教的仪式，因为仪式上要写“青词”，也就是给太上老君的“思想汇报”。作为宰相的夏言自然是不屑于写这类文字，于是作为副宰相的严嵩瞅准了机会，拼命研究青词的写作，很快就因此得到了嘉靖的欢心。

在取得嘉靖欢心的同时，严嵩一心想着的是如何算计夏言。在严嵩一副和蔼恭敬的姿态下，夏言完全不知道马上要大祸临头了。

严嵩的第一招是离间夏言与嘉靖皇帝的关系。

嘉靖每天都热衷搞道教的仪式，严嵩投其所好，但夏言则对此敷衍了事，这点让严嵩就有了可乘之机。

一次祭天仪式时，嘉靖用荷叶做了几顶香叶冠，仪式结束之后，一高兴就把这又高又细的香叶冠分别赐给了严嵩和夏言等人。第二天上朝，严嵩就戴着这顶香叶冠来了，为了表示尊重，还在香叶冠外面裹了层细纱。

嘉靖看了很高兴，转头就问夏言：“你的呢？”

夏言居然说：“哪有朝廷官员戴那玩意儿的，况且还在朝堂之上，严嵩太不像话了。”

嘉靖当时虽然没说什么，但过后严嵩就单独跑到嘉靖那儿跪在地上哭，说夏言平常老欺负他，今天嘲笑他戴这个帽子的事儿还算是轻的。

严嵩这个状告得很有技巧，他并没有说夏言不戴这个“香叶冠”是对嘉靖的不尊敬，而是像小孩儿诉委屈一样说夏言欺负他。可眼前的事儿是因为嘉靖做的帽子而起的，所以嘉靖心里很不是滋味儿。严嵩就这样告了几次黑状之后，嘉靖就开始不喜欢夏言了。

在完成离间之后，严嵩接下来采使的手段就更毒辣了。这种手段叫“借势”，也就是借一件具体事件的发展势头，把水搅浑，再趁机落井下石，置人于死地。这一招特别狠，夏言果然中计了。

夏言虽然刚愎自用，但一心为国事而操心，并没觉察到嘉靖对他态度的变化，也没提防到严嵩的工作已经做得很深入了。

嘉靖二十六年（1547 年），被夏言一手提拔上来的陕西总督曾铣，想解除鞑靼对河套地区的威胁，计划用武力收复河套。在这一点上夏言很支持。嘉靖开始的时候也很支持，但明王朝自英宗以来已经被打怕了，所以在大政方针上，夏言勇往直前，但嘉靖却是反复无常。夏言关键的失误就在于忽略了嘉靖的态度和嘉靖那种猜疑的性格。

据说夏言的岳父也很支持收复河套的计划，而夏言的岳父和曾铣私下里又是很好的朋友，所以夏言在这件国事上就让自己的岳父作为朝廷和曾铣间的联系人。这可犯了当时国家公共事务操作流程的大忌，也就是领导干部的亲人和家属不能参与政务。

严嵩敏锐地看到了这一点，也抓住这一点大做文章。他通过太监里的内应了解到嘉靖不敢下决心收复河套，就在嘉靖左右摇摆之时，抓住这个节点，乘机诬告夏言与曾铣内外勾结，实际上是要借收复河套谋取私利，从而陷国家于危机之中。

于是，曾铣以误国、通敌、贪污等罪名被抓。当时，夏言正在出差回北京的途中，刚到通州，就听到了曾铣被抓的消息。夏言察觉到整个问题的严重性，突然意识到其中一定有严嵩的黑手，大呼了一声：“噫！吾死矣！”

就是说夏言才意识到自己完了，要被严嵩害死了。

夏言虽然发现自己中了严嵩的奸计，可一切都晚了。

就在他喊出这句猛然醒悟的话的时候，朝廷来抓他的锦衣卫也到了通州。堂堂宰相夏言，以莫名其妙的误国罪被杀掉了。

这一下朝野震动，而严嵩也就此取代了夏言，成为嘉靖朝权势熏天的内阁首辅。

当然，正所谓“路遥知马力，日久见人心”，严嵩的虚伪、阴险与狡诈，后来终究为世人所共知，为世人所不齿。严嵩虽然权倾朝野，下场却极其悲惨，晚年被革职罢官后，流落街头，为人所唾弃，最后饿死在墓地里。

沧溟先生如是说

人一贪婪，就会放纵欲望；欲望不能满足，就会不择手段。因为不择手段，所以阴险、狡诈、虚伪成性；因为虚伪，所以外表虽谦恭，内在都自以为是，得意忘形，种种恶习、恶品，也就变得根深蒂固。

所以曾国藩才说，不贪财，不失信，不自以为是，做到了这三个方面，连鬼神都会佩服你，更不用说得到人们的敬重了。

第四讲

# 返回自己的本心

得失利害之念，愈少愈好。

应当有一切平等观，要超然物外。

—— 梁漱溟与孙书

中国传统文化历来重视修身养性之道，主张涵养“浩然之气”。不管是治学态度、处世之道，还是修身之法，都是修身养性中的一部分。

“浩然之气”又叫“浩然正气”，出自《孟子·公孙丑上》。

孟子说：“吾善养吾浩然之气。”

公孙丑问，什么叫浩然之气？

孟子就说，这很难描述清楚。首先，它充满天地之间，是一种十分浩大、十分刚强的精神。其次，这种精神是通过正义和道德日积月累形成的；反之，如果没有正义和道德存储其中，它也就消退无力了。

由此我们不难理解，所谓浩然之气，就是一种正大刚直的气势和精神。在孟子看来，一个人有了浩气长存的精神力量，面对外界一切巨大的诱惑和威胁，都能处变不惊，镇定自若，达到“不动心”的境界。

南宋末，文天祥在广东海丰兵败被俘。次年被押解至元大都（今北京）。文天祥在狱中三年，受尽各种威逼利诱，但他始终坚贞不屈。就是在那湿热、腐臭的牢房中，文天祥写下了名垂千古的《正气歌》。

天地有正气，杂然赋流形。
下则为河岳，上则为日星。
于人曰浩然，沛乎塞苍冥。
皇路当清夷，含和吐明庭。
时穷节乃见，一一垂丹青。
…………
是气所磅礴，凛烈万古存。
当其贯日月，生死安足论！
…………

这首诗慷慨激昂，充分表现了文天祥坚贞不屈的爱国情操。1283 年 1 月 9 日，在拒绝了元世祖最后一次利诱之后，文天祥从容就义，终年四十七岁。

文天祥从小谨记母训，心中敬慕忠义。在这首《正气歌》中，舍命记史的太史、坚持正义的董狐、为民除暴的张良、赤胆忠心的苏武、宁死不降的严将军、拼死抵抗的嵇侍中、誓死杀敌的张睢阳、仗义骂贼的颜常山、避乱辽东的管宁、死而后已的诸葛亮、渡江北伐的祖逖、痛击奸人的段秀实等十二位忠勇义烈之士得到了他的由衷赞扬。

他崇尚古人英勇豪迈的气节，他赞叹“是气所磅礴，凛烈万古存”。同时，他也从古人身上汲取强大的精神力量，激励自己固守节操。对于这一点，孟子则说：“天将降大任于是人也，必先苦其心志，劳其筋骨，饿其体肤，空乏其身，行拂乱其所为，所以动心忍性，曾益其所不能。”在孟子看来，上天将要把重大职责降临到某人身上的时候，一定要先使他经历各种磨砺。这样，便可使他的性格更加坚韧，增加前所未有的能力，成就非常的人格与伟大的事业。

文天祥秉承古代先贤的风范，而他本人的品格，也为后人所继承。明朝杨继盛，因反对奸佞严嵩父子，被陷害入狱，临刑时所写的《就义诗》云：“浩气还太虚，丹心照千古。”南明的张煌言，作为抗清的最后一面旗帜，被捕后作诗言志：“惭将赤手分三席，拟为丹心借一枝。”

数百年来，《正气歌》经久传诵，文天祥伟大的人格力量和崇高的精神品质，也长久为世人所膜拜。

浩然之气，体现在国难当头时的个人选择中，也体现在为人处世的日常生活里。

国学大师梁漱溟的孙子梁钦东在回忆起爷爷时，曾说道：“爷爷赠我三字经：‘不必贪’。”

1987 年 11 月，梁漱溟在中国文化书院最后一次公开露面，肯定了自己“行动的一生”。梁钦东作为陪同亲属也在场，他印象最深的莫过于九十四岁高龄的爷爷却坚持站着演讲。

那段时间，梁钦东正好从浙大毕业回到北京，和家人轮流值班陪着爷爷。有时候，梁钦东在爷爷家陪住时看书到凌晨，第二天爷爷便提醒他：“做什么事都不必贪，即便是看书。”“不必贪”，这是梁漱溟对儿孙的谆谆告诫。“不仅贪图的事不应做，贪图的念头也不要起。”

在因肾衰竭病重的最后日子里，梁漱溟从不因病痛有抱怨。临终前只向长子交代了几句："医生治得了病，但治不了命……我的寿数大概就到此了，不要勉强做很多事来延缓生命。"

梁漱溟的父亲对他的教育方式是不干预，这种自由的教育方式也通过梁漱溟遗传给了后代。

在梁钦东进入浙大因专业方向感到困惑时，梁漱溟在信中嘱咐道："得失利害之念，愈少愈好。应当有一切平等观，要超然物外。"受到曾祖父和祖父的影响，梁钦东做事认真踏实，关注民生问题。他和他的团队参与过许多公共开放空间的规划设计，都是以提升城市环境、人民生活品质为自己的追求。梁钦东从不认为自己是"纯粹的设计师"，他说："我的工作不是只为设计本身，而是如何造福更广大的社会。"

梁漱溟曾说："是非的标准不要向外找。《孟子》上头有个话，他叫作'行仁义'和'由仁义行'，这两样不同。所谓'行仁义'嘛就是一般的社会习俗上认为那样是仁义，是好，按照着那样子去做就是'行仁义'，孟子认为那不足取，不要'行仁义'，要'由仁义行'，就是还是回到自己身上来，返回到自己本心，越向外找越迷乱、越眼花缭乱，不要向外看，要自己问自己。”

这真是这位学问通达的老人的真知灼见。每个人都从自己内在的良知出发，涵养浩然之气，坦然面对人生，就会造就一个美好的世界。

沧溟先生如是说

一个人有了浩气长存的精神力量，面对外界一切巨大的诱惑和威胁，便能处变不惊，镇定自若，达到“不动心”的境界。

每个人都从自己内在的良知出发，涵养浩然之气，坦然面对人生，就会造就一个美好的世界。

第五讲

# 谄媚与卑贱

见富贵而生谄容者，最可耻；遇贫穷而作骄态者，贱莫甚。

——朱用纯《朱子治家格言》

极傲慢的人，也一定极谄媚；骄横自是的人，也一定会卑躬屈膝。反之亦如是，因为傲慢骄横与谄媚屈膝不过是没骨气的两端。

唐代有位大诗人叫宋之问，他在中国诗歌发展史上有着重要的地位，尤其是对律诗的发展有一定的贡献，他的那句“近乡情更怯，不敢问来人”也是千古传诵的名句。

但是，诗品和人品远不是一回事，和他的诗品比起来，他的人品简直差得太远。

宋之问生于唐高宗年间，并无显赫的家世与门第，这在特别讲究家世出身的唐代，对宋之问这样非常想往上爬的人来说，并非一件好的事情。

可宋之问的运气不错，他考上了进士，因为文才出众，很快便跻身武则天的文学侍从队伍。当时武则天权倾朝野，成为中国历史上名副其实的第一位女皇帝。武则天虽是女子，但能力出众，气势非凡，当然癖好也和常人有些不同。

除了文治武功与提倡靡丽颂德的诗风之外，武则天还特别喜欢蓄养男宠。据野史记载，宋之问为了攀附高枝，甚至想以身相许，去做武则天的男宠。可是武则天却并不喜欢他。

无奈之下，宋之问只得掉头，去攀附武则天身边的红人。

当时武则天最喜欢的两个男宠是张易之、张昌宗兄弟。这两人除了长得容貌清秀之外，其他并没有什么过人之处，尤其是缺乏文学才能。但武则天需要诗文颂德，所以张氏兄弟也不得不附庸风雅，招募了一大批文人才士。

张氏兄弟极受武则天喜爱，当时权倾朝野，可谓一人之下，万人之上，而且手上养了一大批拍马屁的文人，并不缺宋之问一个。那宋之问怎样才能从这一群马屁精里“脱颖而出”呢？

宋之问不愧聪明绝顶，他仿效越王勾践为吴王夫差尝大便以套近乎的方式，不惜放下士大夫的品格，竟然为张易之兄弟“捧溺器”，也就是伺候张氏兄弟上厕所。

宋之问作为一个堂堂的读书人，如此行为在传统儒家知识分子中算得上绝无仅有了。而且，勾践当年含垢忍辱，卧薪尝胆，是为了能复国报仇，可宋之问谄媚权贵，为张易之兄弟“捧溺器”，仅仅为了个人的所谓前程。而且他把这种前程押在了两个男宠身上。这种行为既不堪，又短视。

果不其然，武则天一死，张氏兄弟很快失宠被杀。宋之问因为曾经攀附张氏兄弟，受到牵连，在连续被流放之后，最终被赐死于流放途中。

对于宋之问这样的悲惨结局，天下没有一个人同情他，反而都觉得他是活该。宋之问为了一己虚荣心与私欲，放弃了知识分子的品格，放弃了做人的尊严。这样的人虽然还活着，其实灵魂已经死了。

宋之问面对权贵一副谄媚、卑贱的姿态，可对于不如他的弱势群体，又换上一副骄横跋扈的模样。

他有一个亲外甥叫刘希夷，虽然家境贫寒，却才华横溢，也是唐代大诗人。刘希夷写了一首《代悲白头翁》，诗中有一句“年年岁岁花相似，岁岁年年人不同”，在平常的语境中写尽了人生感慨，实在妙不可言。

宋之问本身也是诗人，见外甥写出这样的佳句来，便想窃为己有。他命令刘希夷不得公布此作，还要刘希夷把这句诗“让”给自己。看着高高在上、蛮横无理、自以为是的舅舅，刘希夷没有吭声，只是沉默地走开了。

但离开舅舅后，刘希夷还是公布了自己的诗作。诗作发表后，即受到时人赞赏，大家争相传诵，一时洛阳纸贵。

宋之问知道后恼羞成怒，他觉得当时刘希夷选择沉默就是答应了，这时反悔，实在可恼可恨。于是，这个面对男宠卑躬屈膝到没有一根骨头的人，竟然跋扈地指派下人用装土的袋子把自己的亲外甥压死了。

只不过因为一句诗，宋之问就谋杀了自己的外甥，这个表面文弱的文人有着怎样狠毒的心肠！

所以，自谄媚的一面看，宋之问真可谓“最可耻”；自骄横的一面看，宋之问真可谓“贱莫甚”。

人不可有傲气，但不可无傲骨。

春秋末年，晏子奉命出使楚国，因为他身材矮小，楚国人就让晏子从大门旁新开的一个小洞进城。

晏子不肯进，说：“只有出使狗国的人，才从狗门进。”迎接他的人，只好带晏子改从大门进去会见楚王。

楚王问晏子："齐国难道没有人了吗？"晏子回答说："齐国临淄所有的人要是把衣袖举起来，可以遮天蔽日；大家甩一下汗水的话，就像下了一场大雨，怎么能说没有人呢？"

楚王又问道："那为什么派你当使者呢？"

晏子回答说："齐国派遣使者，是根据出使国的情况而定的。贤能的人就派往有贤明君主的国家，无能的人则被派到君主无能的国家。我晏婴最无能，所以出使楚国。"

楚王与晏子饮酒，两个官吏绑着一人走到楚王面前。

楚王问："绑着的人是做什么的？"近侍回答说："他是齐国人，犯了偷窃罪。"

楚王说："齐国人难道善于偷窃吗？"

晏子离开座位，对楚王说："橘子长在淮河以南是橘子，长在淮河以北就变成枳，二者叶子形状相像，果实的味道却不同。这是因为水土不同。百姓在齐国不偷窃，到了楚国就偷窃，莫非是楚国的水土使得老百姓善于偷窃吗？"

楚王尴尬地笑着说："圣人不是能同他开玩笑的，是我自讨没趣了。"

晏子虽然其貌不扬，远远不如宋之问玉树临风，但他的故事告诉我们，自信而不自傲，自谦而不自卑，才能够做人做得光明坦荡，并最终得到历史的尊重。

沧溟先生如是说

人一失去傲骨，就会生出攀附之心，立刻就会露出谄媚之态。人一谄媚，就会很快丧失做人的原则，从此变成一个唯利是图的小人。

而品行高洁之人，面对权贵自然不会奴颜婢膝，面对弱势群体更加不会心存傲慢，反而对人、对事充满悲悯之心。

第六讲

# 财聚财散皆有道

自处宜俭，处事待人又宜慷慨。……若一味厚积，全不肯散，当与不与，当济不济，当用不用，辜负天生地宝，所谓守财奴，究竟何尝守得？

——纪大奎《敬义堂家训述录》

外国文学中有“四大守财奴”之说，他们是法国大文豪巴尔扎克作品《欧也妮 · 葛朗台》中的老葛朗台，英国戏剧大师莎士比亚著名喜剧《威尼斯商人》中的夏洛克，法国大戏剧家莫里哀名作《悭吝人》中的阿巴贡，还有俄国文学家果戈理长篇小说《死魂灵》中的泼留希金。

老葛朗台是巴尔扎克刻画得最为成功、最为著名的形象，是法国大革命后起家的资产阶级暴发户的典型。他嗜钱如命，为了金钱可以不择手段，甚至可以丝毫不念父女亲情与夫妻感情。

当他知道女儿把个人积蓄都给了心上人后，暴跳如雷，几欲发狂，竟因此把女儿软禁起来，每天只给她几片面包与几杯清水过活。

当他妻子因此而大病不起时，老葛朗台首先想到的竟然是请医生要破费钱财。在听说妻子死后女儿有权和他分享遗产时，他又为了钱而转变了态度，与女儿讲和。

莎士比亚笔下的夏洛克除了吝啬，还十分狠毒。他放高利贷给安东尼奥，还规定逾期未还的话，就要从安东尼奥身上割下一磅肉来。

最终，安东尼奥的妻子鲍西娅假扮律师出庭为安东尼奥辩护，准许夏洛克割肉，但不许多一点儿，也不许少一点儿，而且割肉时不能从他身上流下“一滴基督徒的血”，否则依法律要按谋杀罪论处，关键是财产要全部充公。夏洛克害人终害己，最后阴谋落空，反受惩罚。

如果说夏洛克表现的是守财奴吝啬成“鬼”后的狠毒，那么莫里哀笔下的阿巴贡表现的就是守财奴吝啬成“鬼”后的可悲与可笑。

阿巴贡是个家财万贯的老鳏夫，他最怕别人借钱，“一见人伸手，就浑身抽搐”。为了不出聘礼钱，他让儿子娶一个有钱的寡妇；为了不用贴陪嫁的钱，他让女儿嫁给一个年过半百的老头；甚至连他自己也打算不花一文钱就娶到一个年轻漂亮的姑娘。最终阿巴贡众叛亲离，只能守着冰冷的钱可怜地度过余生了。

如果说巴尔扎克塑造的老葛朗台是新型资产阶级暴发户的典型，那么果戈理笔下的泼留希金就是一个老式农奴主与没落地主的典型。

他富得流油，却打扮得像个乞丐。他对自己都吝啬得要命，更不用说对别人。

女儿成婚，他只送一件礼物——诅咒；儿子从部队来信要钱做衣服，也碰了一鼻子灰，除了送儿子一些诅咒外，他从此与儿子不再有任何联系，甚至连他的死活也不在意。

家里的粮食已经存到发霉，他却还想着去偷别人的粮食。甚至他走过的地方，都不用再打扫了，但凡有点什么都被他席卷一空。这个迂腐的农奴主因为吝啬，不仅折磨别人，也把自己折磨得不成样子。

外国文学中有这四大守财奴，中国文学中也有“四大守财奴”的形象。

他们是《庄子》中的监河侯，明代杂剧《一文钱》中的卢至，清代小说《儒林外史》中的严监生，以及钱钟书先生《围城》中的李梅亭。

在这些守财奴形象中，以《儒林外史》中的严监生最为典型，足以与外国文学中的四大吝啬鬼的形象相媲美。

严监生临死前的一段表现最为传神。他死前伸着两根手指，说不出话来，却就是不肯闭眼。侄儿不懂他的意思，众人也都猜不出来。

后来，还是他的老婆赵氏明白他的心思，她走上前道："老爷，只有我能知道你的心事。你是为那盏灯里点的是两茎灯草，不放心，恐费了油。我如今挑掉一茎就是了。"说罢，赵氏走上前挑掉了一根，再看严监生，"点一点头，把手垂下，登时就没了气"。

这么吝啬的死法，可谓既传奇，又传神。

不论是中国的吝啬鬼还是外国的守财奴，都吝啬到了如此变态的地步，可是他们最终又守住了什么呢?

比如老葛朗台，他临死的时候，最放心不下的还是他的钱。

他在弥留之际，给女儿的遗言是：“把一切照顾得好好的，到那边来向我交账！”老葛朗台到死前还相信死后他还可以守着他的钱财。

接着最具讽刺的一幕出现了，当老葛朗台就要死了的时候，神父把镀金的十字架送到他的唇边，让他最后吻别基督像。他看见镀了金的十字架，“似乎已经死去几小时的眼睛立刻变活了”，他本应去亲吻十字架，却“做了一个骇人的姿势想把十字架抓在手中”。

最后的攫取与占有的欲望当然落空了，这个守财奴并没能抓住什么，他终究还是可笑地死了，什么也带不走。

清代史学家、文学家、理学名家纪大奎的家训名言告诉我们，一个人自己的生活应该节俭，但是对待他人则应该慷慨。有道是“天生我材必有用，千金散尽还复来”，若一味聚敛财富，该施舍的不施舍，该救济的不救济，该用的钱不肯用，那就是辜负天地赐予我们的宝贵财富。世界上所有的守财奴，有谁能守住一分一毫？

文学是生活的高度提炼。虽然这些人物都是文学作品中的角色，但生活的道理就深藏在这些人物形象之中。金钱与财富，生不带来，死不带去，只守着它们，你会丢了自己，如果连自己的灵魂都丢失了，当然终究是一场空！

沧溟先生如是说

人们创造了金钱，创造了货币，本来是为了人们的生活服务的，所以人才是“主人”，而金钱是“奴隶”。

但可悲的现实是，很多人却往往变成了金钱的“奴隶”。这就是马克思所说的“异化”。当一个人成为金钱奴隶的那一刻，他便完全丢失了自己；当他守不住自便的时刻，守住再多的金钱，也终究只是一场空。

第七讲

# 富贵声名里隐藏的陷阱

夫富贵声名，人情所乐，而君子或得而不处。

—— 王昶《家诫》

现代社会，很多人崇尚“眼球经济”，于是削尖了脑袋想出名，想吸引别人的注意力。殊不知中国人有句俗话：“人怕出名猪怕壮！”

人们这么说，只是因为富贵声名实在是人生的一大陷阱。

谁不想富贵，谁不想出名呢！可是，求什么样的富贵声名，什么时候求富贵声名，都很有讲究。若只是一味地想求富贵声名，就难免会掉入富贵声名的陷阱里。

《晋书》里记载，十六国时代，南燕在山东建立政权。当时在山东莱芜，有一个叫王始的农民，看天下大乱，便一心想趁乱而起，求一场富贵功名。于是他立刻行动，在泰山脚下宣布造反。开始的时候还比较顺利，因为天下大乱，果然有不少人跟随他一起造反。但王始拼了命，不过凑了千余人，这在当时的乱世中根本不算什么，顶多跟一小股占山为王的强盗差不多。

可是，王始的心比天高，他觉得自己这样子太不为人重视了，况且男儿如果要求得富贵声名，就要争取求得最大的富贵声名。那怎样才是最大的富贵声名呢？答案只有一个，就是当皇帝。

当王始说出这个想法后，身边的兄弟们都吓了一跳，就这么点儿人马，就要建国当皇帝，怕不是失心疯了吧！连王始的老婆都劝他："你昨天才扔了种地的锄头，今天就要当皇帝，我不知道你有没有当皇帝的命，反正我好像没有当皇后的命！"

王始却急不可耐，皇帝的声名富贵就像毒瘾发作一样令他疯狂。王始不管众人的劝阻，不管三七二十一，匆忙宣布建立太平帝国，自封太平皇帝。大过皇帝瘾后，他心情大好，立刻把手下人一个个都封成王公大臣。这一下，太平帝国与太平皇帝大大出了名，眼球效应十分突出，一下子就有上万人来投奔王始。

可是，眼球效应却也带来了可怕的副作用。

本来王始的队伍规模并不大，在乱世中也不扎眼，南燕朝廷并没有注意到他。说实话，若他还是那么悄无声息在齐鲁大地的山坳里老实地趴着，说不定他就可以慢慢壮大到真有实力当皇帝的那一天。

可王始等不及，他眼里只有浩大的富贵声名，只有皇帝瘾。这下可好，皇帝瘾是过了，却一下吸引了南燕朝廷的注意。南燕皇帝慕容德一看，好家伙，一不小心脚底下又冒出个皇帝来，这还得了！一山不容二虎，慕容德别的先不管了，命令大将慕容镇集中所有兵力，一举把这个太平皇帝灭了。

如果是树大招风也就算了，可王始根本就是打肿脸充胖子，不自量力。结果面对慕容镇时因实力悬殊，太平帝国迅速崩溃，王始连同他的老婆都被抓起来押赴刑场问斩。

就算死到临头了，王始的皇帝瘾还没过完。临刑前有人问他，他的父亲与两个哥哥逃到哪里去了，他傻笑着回答："太上皇蒙尘在外，征东、征西将军已遭兵祸，现只剩朕一人，真是孤家寡人啊！"

听到王始临死还"朕"啊"朕"的，旁边的老婆气不打一处来，她开口骂道："你一辈子就这张穷嘴最讨人嫌，最讨人厌，事到如今还称孤道寡，真是死不悔改！”

哪知王始竟然毫不羞愧，他还是一副皇帝范儿地劝老婆：“皇后，你这是干吗？从古到今，哪有不亡之国，不破之家呢？”

刽子手看他磨磨叽叽，实在不耐烦了，用刀环敲打他的脖子准备下刀，他居然还大声地叹息道：“寡人受辱，万民蒙冤，竟无人救朕，驾将崩矣！”

这个想过皇帝瘾的太平皇帝就这么被杀了。

所谓人怕出名猪怕壮，枪打出头鸟，可是王始眼里只有富贵声名的诱惑，全然不懂这些浅显的道理。

相比起来，另一个农民起义的领袖就显得智慧得多。

这个人的出身连王始都不如，他连地都没的种。幼时讨过饭，当过和尚，后来加入元末农民起义的大潮中，先是当别人的跟班，后来另立山头，自成一派。当他渐渐坐大的时候，天下已经有很多人自立王国，自封皇帝，可他还是十分小心谨慎，就算是到了实力绝对可以称王称霸的时候，也没有为富贵声名所动。

当他攻下徽州的时候，他向一个叫朱升的儒生请教，朱升说了九个字：“高筑墙，广积粮，缓称王。”他深以为然，尤其是“缓称王”一条，更是他后来成就皇图霸业，一统天下的根本方针。

他，就是开启了大明王朝二百七十六年历史的明太祖朱元璋。

从陈胜吴广，到王始，到朱元璋，他们都是在乱世中求生存，继而求富贵声名的人，但求法不同，结果自然不同。最大的不同就在于，有的人眼里只有富贵声名，有的人还能看到富贵声名里隐藏的陷阱。

关于富贵声名，儒家典籍中有过许多经典的论述。孔子说：“不义而富且贵，于我如浮云。”孟子说：“富贵不能淫，贫贱不能移，威武不能屈，此之谓大丈夫。”

北宋政治家、文学家欧阳修则在《同年秘书丞陈动之挽词二首》中感叹道：“富贵声名岂足论，死生荣辱等埃尘。”借缅怀故人之诗，表达了诗人自己的人生信条。

这些哲理格言，都是从正面指出，远离富贵声名诱惑，守住自我的重要性。换个角度来说，也就是即使身在陋巷，也应像颜回那样“人不堪其忧，回也不改其乐”。也正因为如此，孔子才感叹说：“贤哉，回也！”将颜回视为最钟爱的学生。

## 沧溟先生如是说

人生中有很多时候，往往是被自己骗了，往往是被自己误了，原因只在于“一叶障目，不见泰山”。

我们想要得到的那些东西，比如富贵，比如声名，比如利益，我们无不看到它们带来的好处，却看不到，也不愿看到其中隐藏的危机与陷阱。

其实，越是充满了诱惑，就越是步步惊心！立身处世，岂可不知！

第八讲

# 可怕的报复心

吾平生未尝害人，人之害吾者，或出忌嫉，或偶不相知，或以为利，其情多可谅，不必以为怨，谨避之，可也。

——陆游《放翁家训》

有一种智慧叫宽恕，有一种心态叫报复。

宽恕了别人，也就宽恕了自己。反过来，睚眦必报，若成习气，则人品从此低下，人生境界再难提升，终将害人害己。

“睚眦必报”这个词来源于《史记》。

《史记》评价范雎虽然帮助秦昭王奠定了强秦的基础，但为人“睚眦之怨必报”，也就是哪怕被人瞪了一眼这样极小的怨恨也要报复。这样的人心胸狭小，就算有本事，人品也不怎么样。范雎后来妒杀了秦国名将白起，自毁长城，果然在人品上备受后人诟病。

另外，陈寿在《三国志》里说过法正“睚眦之怨，无不报复”，苏辙也在《论吕惠卿》说王安石改革的副手吕惠卿是个“睚眦必报”的小人。这两个人能力都很强，水平都很高，但在人品上都被后人所不齿。

范雎、法正、吕惠卿，他们都饱读诗书，才学出众，但因为报复心重而被视为人品低下，为后人所嗟叹。他们都尚且如此，若是一般人，学问根底浅，报复心再重，恐怕就不只是人品低下，当时就会反受其害。

印度大文豪泰戈尔曾经讲过一个关于报复的故事。

他说，有一位年轻的画家在街上卖画，这时，有一群人前呼后拥、众星捧月一样拥着一个公子模样的人走了过来。这个公子是一个大臣的儿子。大臣的儿子走到年轻画家的画前，驻足良久，因为他喜欢上了其中的一幅画，想要买下来。

可是画家却拿布把画蒙了起来，坚决不卖。

原来，这位画家的父亲曾经受过那位大臣的欺负。年轻的画家对父亲当年所受的屈辱牢记在心，现在大臣的儿子想要这幅画，他当然不卖。

可是大臣的儿子却偏执地想要那幅画，并因此抑郁而病，最后大臣没有办法，亲自出面请求画家把画卖给他。可画家还是不肯，他宁愿把那幅画挂在自家画室的墙壁上，也不愿意出售。

画家整日阴沉着脸坐在画前，自言自语地说：“这就是我报复的方式。”

每天早上，画家都要为他信奉的神画一幅画像，这是他表现信仰的唯一方式。可是现在，他觉得这些神像与他以前画的神像差别越来越大，这使他苦恼不已。他苦思冥想，却找不出问题的症结。

一天，他正画着神像，却突然惊恐地丢下了手中的画笔，像触电一样跳了起来。原来他发现他刚刚画好的神像的眼睛，竟然就是那位大臣的眼睛，连嘴唇与脸庞也是那么相似。他将画一把撕碎，流着泪高喊道：“我知道了，我知道了，我的报复已经回到我的头上来了！”

培根曾经说过：“一个念念不忘旧仇的人，他的伤口是永远难以愈合的，尽管那些伤口本来是可以痊愈的。”这就是报复的危害，对别人的报复最终会回到自己身上，使你的品格下降，拉低你的人生境界。

唐代有个诗人叫皇甫湜，也是一个报复心很重的人。

一次，他被一只小蜜蜂蜇了手，大为恼怒，立刻让家中所有的仆人出动，并出钱发动周围人家的小孩，把周围大树上的蜂巢都取下来统一装在簸箕里。

于是，周围所有的蜜蜂都飞到他家来，他就命令仆人把飞往蜂巢的蜜蜂连同蜂巢一起密封在簸箕里砸烂。然后，又把已经砸烂的蜜蜂放在杵臼里捣碎，再将已经变成烂泥的蜜蜂尸体用布裹着绞取汁液，仿佛只有这样才能宣泄心头之恨。

不仅对蜜蜂，他对自己的亲生儿子也不放过。有一次他让儿子抄录几首诗，儿子抄错了几个字，他火起来要找棍子打儿子，棍子一下找不到，他居然把儿子的手腕咬得直流血。

皇甫湜平生最不服白居易。他曾经在晋国公裴度手下当幕僚，裴度信佛，出资修庙后，想写信请白居易题写碑文。皇甫湜知道后，愤怒地说："我皇甫湜就在你身旁，你却写信请远在天边的白居易给你写碑文。你不知道我的文章是阳春白雪，而白居易的文章是下里巴人吗？"

裴度为人宽宏大度，闻此并不生气，索性就让皇甫湜来写，为此还付了他一大笔润笔费。皇甫湜也因此扬扬自得，越发看不起白居易。

然而历史是公正的，虽然皇甫湜自认阳春白雪，把白居易看成下里巴人，但白居易的文学作品已成不朽，他却只是人们茶余饭后的笑料而已。其实，正是皇甫湜自己的心态与心胸，才阻碍了他才华的提升与境界的升华，这从他对蜜蜂的报复心上就看得出来。

所罗门曾说：“不报宿怨乃是人的光荣。”这种光荣是品格的光荣，也是智慧的光荣，更是人性的光荣。

在这样的人世间行走，我们要像陆游告诫的那样，首先做到自己不害人；对那些因为嫉妒或不了解而对我们不友善的人，也不必介怀。

孔子说：“人不知而不愠，不亦君子乎？” 人生天地，无限广阔，宽容为怀，才能进入大境界。有的时候，对那些不友好的言行，我们完全可以用幽默化解之。

素有嘴炮之名的巴克利出于偏见，很不看好姚明，甚至声称姚明一场比赛得分如果超过十九分的话，他就会亲驴子的屁股。听到这样的话，姚明打趣道：“那我每晚得十八分就好了！”

之后的比赛中，姚明夺得二十分，巴克利也兑现了自己的诺言，真的亲了驴屁股。得知这一消息，姚明并没有得意，而是开玩笑道：“那如果我每晚得四十分的话，他们不是要找一头大象？”姚明用这样的方式最大程度减少了巴克利的尴尬。这样的智慧，不得不让人佩服！

沧溟先生如是说

有一种智慧叫宽恕，有一种心态叫报复。宽恕了别人，也就宽恕了自己。反过来，睚眦必报，若成习气，终将害人害己。

其实，报复最大的危害，是对别人的报复最终会回到自己身上。你的心灵会因为这种报复的心态而变得狭小，变得局促，这样也就失去了自我境界升华的空间。

第九讲

# 学会节制欲望

骄出于志，不节则志倾；欲生于心，不遏则身丧。

——李世民《帝范》

有一个成语，叫“欲壑难填”，是指人的欲望就像一个巨大的山谷，或者像是一个无底洞，永远也不可能填得满。一个人要是随意放纵欲望的话，早晚会被这个无底的黑洞彻底吞没。

所以说，在人品修养上，有一个重要的功课，那就是要学会节制欲望。

人的欲望有很多种，色欲、物欲、功名欲、权力欲、占有欲、享受欲……可谓数不胜数。

当然，有人会说建功立业，追求理想，不也是一种欲望吗？难道也需要节制吗？

事实上，为了某种信仰而生的理想与追求，与其说是一种欲望，不如说是一种志向，它的落脚点与归宿，往往在大众，在百姓，在天下为公，在全人类的福祉；这种志向越大越好，当然不需要节制。

但在人心的深处，种种贪婪、占有、功名、利禄的欲念，甚至色欲、物欲、享受欲等，这些都是一己之私欲，放纵它们，不仅对天下无益，对人类无益，甚至最终也会因此毁灭自身，这才是要节制的对象。

司马迁在《史记》里曾说历史上有两个可以赤手空拳打死老虎的人，一个是孔子的学生、孔门大师兄子路，另一个则是著名的昏君、商纣王帝辛。

子路年轻的时候好勇斗狠，性子十分冲动，再加上功夫超群，一般人远远不是他的对手，所以子路也很少会把他人放在眼里。

据说，他第一次见孔子的时候，头上插着野鸡毛，腰间别着野猪牙。子路佩戴着这两种饰物，一是表明其勇猛的个性，另外恐怕多少还有向孔子炫耀的意思。

孔子看着年轻鲁莽的子路，问他："你有什么特长呢？"

子路骄傲地说："我擅长用长剑！"

孔子笑笑说："我不是说这个，我是说以你的天赋，如果能学习并自我反省，还有谁能比得上你呢？”

“学习？这又有什么用呢？”子路果然很直，很冲动，但他很聪明，面对博学的孔子，他依然骄傲地举例说：“南山有一种竹子，不用加工就很直，直接砍下来做成箭杆，削尖后射出去，能穿透犀牛的厚皮。所以像我这样的人，做就行了，又何必学什么呢？”

孔子摇摇头，依然微笑着启发子路说：“如果在箭尾上安上羽毛，再把箭头调整打磨得锐利，这样的箭不是射得更远、射得更深吗？”

子路并不是冥顽不灵的人，他沉思良久，觉得孔子的话十分有道理，于是躬身行礼，拜孔子为师。

子路虽然生性冲动，甚至在拜孔子为师后的很长一段时间里也还是不改冲动鲁莽的性格，但随着修身境界的提高，他越来越懂得克制自我，从小勇向大勇升华。

后来，子路在卫国执政大臣孔悝手下做家臣。卫国内乱，孔悝被人绑架在高台之上，子路食人之俸，救人之难，不肯独自逃生，誓要救出孔悝。

在与对手生死搏斗之际，子路的帽子歪了，系帽子的带子松了。现代人可能以为这不是什么大事，但在古代儒家看来，正衣冠，如正人生。帽子的带子因此被称为簪缨，也就是古代知识分子表达人生志向时的名言“沧浪之水清兮，可以濯我缨”里的“缨”。

因为对人生品质的看重，儒家讲究知行合一、表里如一，松了簪缨、歪了帽子就是自我修身的大忌。所以子路在生命危难之际，在千钧一发的生死关头，为了儒生的大义，仍然先扶好衣冠再与敌搏杀。

可就在他系簪缨、理衣冠的时候，不择手段、不讲道义的对手从背后偷袭了他，子路因此被乱刃刺死。后人赞子路是为大勇，是真正的舍生取义。

这样的子路完全超越了当年那个只知好勇斗狠的子路，他完成了人生的涅槃。

和子路一样力能搏虎的另一个人物是历史上著名的昏君、商纣王帝辛。

商纣王年轻时也曾武艺超群，也曾颇有建树，可后来好大喜功，喜欢自我表现，对任何人的意见都听不进去，继而穷奢极欲。据说，为了物欲的享受，他甚至下令将池子装满酒，把各种动物的肉割成一块一块地挂在树林里，以便一边游玩，一边随意吃喝享受。

这就是历史上著名的“酒池肉林”。

商纣王生活糜烂荒淫，对好意相劝的忠臣大开杀戒，甚至还为此残忍地杀害了自己的叔叔比干，最后导致众叛亲离，成了被人唾弃的亡国之君。

为什么同样武艺超群、力能搏虎的两个人，却有着完全不同的人生表现，有着截然相反的历史评价呢?

道理很简单。

关键就在于子路遇到了一个好老师，走上了自我修身、自我超越的道路。而商纣王则一味放纵自己的欲望，从一个本应有所建树的人变成了一个被欲望完全控制的魔鬼。

所以，学会控制欲望，尤其是节制自我的私欲，是成就人生价值的一个重要的前提。

唐太宗李世民非常严肃地告诫皇室子孙：“骄出于志，不节则志倾；欲生于心，不遏则身丧。”商纣王正是因为骄横之志未受节制而走偏，“欲不遏”而至“身丧”，并导致国家败亡。

这是为帝王者不得不汲取的历史教训，也是值得我们每一个人引以为戒的人生道理。

**沧溟先生如是说**

一个人一生要融入社会、跟世界打交道，首先就要学会“我与我周旋”。而“我与我周旋”的关键，首先就在战胜并节制自己内心的种种私欲。

一个人若能战胜私欲，则能成就“大我”；反之，若完全被私欲所控，则难免导致“小我”的沦丧。而如果是一位国君不知节制，则会导致一个国家的湮灭！

# 第十讲

# 先真后善美

凡与人晋接周旋，若无真意，则不足以感人；然徒有真意而无文饰以将之，则真意亦无所托之以出。

——曾国藩《曾国藩家书》

真、善、美是人类的终极追求，三者之间的关系并非可以随意置放。如果没有真，善与美往往只是假象。

没有真的善，只是伪善。

西汉末年，王莽一度被称为那个礼崩乐坏的时代里最善良的道德楷模。

他身居高位，却从来都不摆架子，更不会盛气凌人、颐指气使，见到谁都是一副非常谦恭的样子，甚至在街头见到普通的百姓，也表现出非常尊敬和亲近的姿态。

他还经常把自己的俸禄拿出来赏赐下人，甚至分给门客与平民。一次，他看到街头的穷人穷困潦倒的样子，甚至当即决定，把自己乘坐的马车贱卖，用卖马车的钱来接济穷人。

王莽因此获得了全社会的赞誉，而他自己也特别看重自己的好名声。

后来有一次，他的二儿子不慎杀死了家奴，作为父亲，王莽担心自己的名声受损，甚至没有将儿子送交司法机关，就在家中逼着儿子自杀以谢天下。王莽这一大义灭亲的举动，更使其名声大振。

随着王莽的权势地位越来越高，百姓对政府的失望情绪也越来越大。在王莽的精心策划下，民间响起拥戴王莽取代汉室的呼声。

王莽一方面操纵着篡位的进程，另一方面愈发表现出谦恭的样子，虽然拥立他的呼声很高，他却屡屡推辞，装作不敢承命的样子。

最后，王莽终于如愿“顺应民意”，篡夺了汉室的天下，他伪善的真面目也渐渐暴露。他所建立的新朝只延续了短短的十几年，就被农民起义的狂潮淹没。王莽作为一个伪善的代表和他的短命王朝一样，最终成为历史上的一个笑话。

在王莽的伪善表演最成功的时候，很多人一度把他称为当时的周公，堪比历史上最伟大的圣人。可周公当年在世的时候，却没有王莽那么擅长表演，那么风光。

周公是孔子一生最为推崇的圣人，他是周文王的第四子，和周武王、管叔、蔡叔等是亲兄弟。

周武王死后，周公的侄子周成王即位。因为成王年幼，管叔、蔡叔就不把成王放在眼里，他们不仅飞扬跋扈、奢侈浮华，后来甚至发展到勾结被周朝灭掉的商朝的残余势力，企图分裂天下，建立自己的势力范围。

因为成王年幼，周公面对管叔、蔡叔这样的兄弟，只好挺身而出，亲手镇压了管叔、蔡叔的叛乱，并帮助成王治理乱局。

在很长的一段时间里，人们对周公亲手剪除亲兄弟叛乱的事情议论纷纷，加之他大权在握，成王也须仰仗他来治理国家，所以很多人猜测周公有野心，甚至最终会取成王而代之。再加上周公其人性情耿直，又不像王莽那样擅长表演，这种诋毁就更加甚嚣尘上。

可是周公却不在乎，他依然凭着自己的一片赤诚之心来辅佐成王。他勤勉治国，努力教育、辅佐成王，并最终将权力交还成王，使得天下大治，为西周王朝的绵延奠定了坚实的基础。这时候，大家都明白了他的真诚和善良。

唐代大诗人白居易对此深有感触，他在题为《放言》的诗里就曾经十分感慨地说：

**周公恐惧流言日，王莽谦恭未篡时。**

**向使当初身便死，一生真伪复谁知？**

白居易这是感慨人心难测，真相不会轻易为人所知，许多好人未免因此受冤枉，许多坏人不免因此得以隐藏。但是，时间是最好的试金石。一个没有真性情的人，不论他如何会表演，也总有露馅儿的那一天；而一个真实坦诚的人，不论有多少非议与磨难，也终能等到水落石出、自见清白的那一天。

所以，中国文人特别强调真性情，道理就在于此。魏晋时期多名士，他们都擅长行为艺术，也擅长表演，但真正的名士，必是具有真性情的知识分子。

比如阮籍，经常有一些怪诞的行为。他会赶一辆牛车在乡间的路上狂奔，等到了路的尽头，便在车上放声大哭，向世人展现穷途末路的悲凉。

他又极好饮酒，母亲去世的消息传来时，他还在饮酒不止，过后突然一声哀号，吐血数升。司马氏想与他结亲，找媒人来提亲，他只是喝酒，不停地喝酒，并且一醉六十余日，弄得这场婚姻只好作罢。

他又好为青白眼，一般不入他法眼的人，他见面时只露出个白眼球；只有他看得上眼的，才会给对方看到他的黑眼珠——这也是“青眼有加”这个成语典故的来历。

阮籍如此怪诞，被称为那个时代最不遵守礼法的人，可世人却不笑他、辱他，反而都敬他、爱他，只因人们都理解他那颗赤诚之心。当时，司马氏要篡夺天下，对知识分子采取的是高压政策。许多人在这种恐怖高压下选择了低眉顺目，选择了降低人格，而阮籍却通过这些放诞的行为表现出非暴力不合作的姿态，以及对个人操守的坚持。

这就是真性情，这就是对内心追求与操守的真实皈依与坚守，这种“真”才是善与美最坚实的基础。因为有这种真，人内心的纯洁与纯粹就永不会被冷酷的现实所侵蚀，而美丽纯良的人性也因此可以永远绽放光辉。

前面所引曾国藩的这段家训名言说的是，在与他人打交道时，一定要真诚，如果没有诚意，就不可能打动人。当然，仅仅有诚意还是不够的，直来直去，不懂得委婉地表达，最后可能无法传达出这种真诚。所以，对自己的真诚加以善的考量和美的修饰，也是至关重要的。

**沧溟先生如是说**

人不真实，就很难坦诚；人不坦诚，就难有诚信；人不诚信，就没有信用。没有信用，一个社会就缺失了可以良性发展的动力。

当每一个个体都不看重真实与诚信的时候，就是这个社会造假泛滥、各种危机横行的时候。最终，每一个个体又都将是这种缺失的受害者。

# 第十一讲

# 诚信最重要

**以身涉世，莫要于信。此事非可袭取，一事失信，便无事不使人疑。**

——汪辉祖《双节堂庸训》

诚信是什么？

表面上，诚信是对别人的承诺与保证。但实际上，诚信最大的作用是对自我人生的呵护与保障。

有一个留学生在德国求学，经过很多年的努力，他不仅取得了学士学位，还攻读了研究生，最终取得了硕士学位。德国是一个非常重视人才的国家，这个留学生毕业后就开始信心满满地找工作了。

因为他所攻读的专业不错，所以他就将眼光投向了那些知名的大公司。他的专业确实不错，学位又高，一开始确实也有不少大公司对他非常感兴趣，可是出乎他自己预料的是，这些公司对他的兴趣总是突然终止，他的求职之路一开始就很不顺利。

后来，他只得降低要求，到一些中小型企业求职应聘，对他来说，这完全是自降身价，相当于打折甩卖。可事实越发地令人沮丧，虽然那些中小公司一开始总是对他表现出浓厚的兴趣，可跟那些大公司一样，又总是在他觉得很有希望的时候，突然礼貌地告诉他，他的求职被拒绝了。

他为此郁闷极了，不知道自己的运气为什么会这么差。可是，试了那么多回，总该有一次运气好的时候吧！于是他鼓起勇气，一次又一次地努力尝试，最后，在一家小型企业的面试过程中他知道了真相。

这是一家非常小的企业，在求职前，他想不到会向这样一家不起眼的小企业求职，可是为了饭碗，他还是忍了，打扮得利利索索，露出干净而努力的微笑去参加面试。

第二次面试的时候，那家小企业的企业主亲自面试了他。看着他，那位企业主突然说：“年轻人，你此前肯定求职失败过很多回了吧？”

他一愣，不知对方为什么会这么问，却又不方便直接承认，只好笑了笑，没有回答。

“我要抱歉地告诉你，我们企业虽小，但还是不能录用你。但看你如此年轻，我实在不忍心不把真相告诉你。”这位企业主真诚地说，“你一定很奇怪为什么求职总是失败，其实不是你的专业不好，也不是你的能力不够，而是你的信用记录有问题……”

原来，这个年轻人曾经有三次乘公共交通逃票的行为，这一小小的瑕疵却被社会公共信用系统记录了下来。在德国这样非常重视信用记录的社会，这样的瑕疵就是一种致命的品格证明。

越是发达的社会越需要完善的信用体系，越是文明的国度越看重个人的信用记录。国人也许不在意的三次逃票的不良信用记录，正是所有企业都不敢录用一个研究生的真正原因。

这个年轻人终于知道，自己虽然努力获取了高等学位，但却在不经意间丢失了最基本的诚信。相比于学位，基本的诚信才是人生更重要的通行证。

所以，一失信，则无人敢用，无事不使人疑。反之，一立信，则无人不为所用，无事不可成功。

当初商鞅在秦国变法时，开始阻力重重，况且商鞅是卫国人，跑到秦国来实行变法，权贵们对他的变法主张嗤之以鼻，下层百姓也对他充满了不信任。

商鞅实在是一个懂得诚信的重要作用的人，他在颁布各项变法法令之前，首先做的一件事却与变法无关。

商鞅命人在国都市场的南门立下一根长达三丈的木杆，随即公开下达招募令，承诺谁能将这根木杆搬到北门，就能得到十镒黄金的奖赏。

秦国的百姓对此感到十分惊奇，不知商鞅大人的葫芦里卖的什么药。将这样一根木杆从南门搬到北门也不算什么特别困难的事，怎么可能一下子就给十镒黄金的奖赏呢？所以围观的人虽然很多，却没有人敢上前应命。

商鞅并不着急，当他看到此举已经吸引了众多目光，便下达了第二道招募令：有人能将这根木杆搬到北门，就能得到五十镒黄金的奖赏。

这一下人群哗然，五十镒黄金可不是一个小数目，这足以让任何人为之心动不已了。

可是能把木杆搬到北门，就真的能拿到黄金吗？商鞅大人说话算话吗？虽然充满了怀疑，可在五十镒黄金的诱惑下，终于还是有人挺身而出了。一个汉子走出人群，也不说什么，扛起木杆就走。人群涌动，大家跟着他，一路走去。商鞅严肃的神情中却露出一丝不易被人察觉的微笑。

没用多长时间，也没费太大的力气，这个汉子就将这根三丈长的木杆从南门搬到了北门，他将木杆竖在地上，擦一擦额头的汗，心里实在对那五十镒黄金不抱太大的希望，因为权贵们戏弄百姓也不是一回两回了。

当他擦完额头的汗，要转身离开时，商鞅却叫住了他："我说过，徙木者，得五十金。此话言出必诺，你怎可不领取黄金就走呢？"

商鞅当众将五十镒黄金奖给了那汉子，这一下人群更加轰动，商鞅趁势鼓动说："今日徙木颁金，只为取信于民，此后所颁法令，一如徙木之信！"

商鞅徙木取信的消息不胫而走，此后颁布变法法令，百姓再也不会怀疑犹豫，而是纷纷遵照实行。从此，变法的大幕正式拉开。商鞅用一段诚信故事改变了秦国，也改变了整个中国的历史。

所以，人而无信，不知其可也！失去了诚信，也就失去了做人、做事的根本；而拥有了诚信，就拥有了人生的基础与保障。

人在社会上生存，最重要的莫过于诚信。一件事上失信，便事事受人怀疑，实在是人生的大不幸。

沧溟先生如是说

表面上，诚信是对别人做出的承诺与保证，但实际上，诚信是对自我人生的呵护与保障。

一个人不诚信，就很难与他人相处，获得他人与环境的认可与信任。社会越发展，越文明，越需要以诚信为基础。没有诚实的品格，人而无信，则终会被文明社会所抛弃。

第十二讲

# 对自我诚信更难能可贵

**忠信笃敬，是一生做人根本。**

——张履祥《示儿》

《后汉书》记载有这样一个故事：

杨震曾任荆州刺史，后调任东莱太守。

当杨震前往上任时，路经昌邑，县令王密原是他保荐的荆州茂才。为了感谢杨震的知遇之恩，王密以重金相赠，而杨震坚决拒收之。

王密说："暮夜无知者。"意思是，天这么晚了，没有人会知道的。杨震却严厉地告诉他："天知、神知、我知、子知，何谓无知？"他的意思是说，上天知道，神灵知道，我知道，你也知道，怎么能说没有人知道呢？

王密万分羞愧，只好带着金子悻悻而去。

杨震由东莱太守奉调涿郡太守后，品行更加公正廉洁，从不接受私下拜会。孩子们每天的伙食很少有肉，以素食为主，出门办事则常常以步代车。

他的不少老友、学生，都想为杨震的儿孙置办一点儿家产，却被他一一婉言回绝。他说：“让我的后代被称作清官的子孙，把这种为人清白的风气留给他们，这样的遗产不也很丰厚吗？”

后来，杨震调到京师，官至太尉，位列三公之首。此时的杨震虽高官显爵，但仍两袖清风，一身正气。他刚直不阿，为人廉洁奉公，不谋私利，深受民众爱戴和敬仰。

张履祥在《张杨园训子语》中说：“做人最忌是阴恶，处心尚阴刻，作事多阴谋，未有不殃及子孙者。”

人的吉凶祸福都在一念之间，即使是自己独处之时，也不可做坏事，否则会受到惩罚。做人最忌讳的是暗地里做坏事，凡用心奸诈阴毒，做事肯定搞阴谋诡计，这样做会使灾祸殃及子孙。为此，张履祥引《中庸》中的话说，君子之所以不可比的原因，就是他虽然在隐居独处时，也不失其君子的德容。有些人在众人面前是堂堂君子，而独处时则是另一副嘴脸。这就是缺乏“慎独”的修养。

“慎独”有一个常常被误解的地方，就是说一个人的时候要格外小心谨慎，不要做坏事。后来更因此很多人变得畏首畏尾、不敢做事，其实中国的文化是要培养堂堂正正的君子，是立于天地之间的大丈夫，要做敢于担当之人。

所以说慎独是一种气度，是杨震面临重金时，那铿锵有力的“天知、神知、我知、子知、何谓无知”。这是对生活的彻悟，更是面对人生的真诚态度。

杨震以“四知”为由拒金的故事流传甚广。自汉至今两千年来，杨氏的后裔无不以杨震为荣耀，无不为“四知”而自豪。杨氏后代子孙尊崇并怀念这位拒不受金的先祖杨震，便以“四知堂”为堂号。

明崇祯末年，杨震第五十九代孙杨其贤在亳州将药酒正式推出上市。因药酒只有君、臣、佐、使四味药，同时为纪念先祖四知名言，命名药酒为“四知堂药酒”，并手书“修合无人见，存心有天知”告示后人。

其后，“修合无人见，存心有天知”成为医药界的行为准则而广为传颂。

《论语 · 学而》篇记述了孔子最得意的弟子之一——曾

参的一段话：“吾日三省吾身：为人谋而不忠乎？与朋友交而不信乎？传不习乎？”

这个曾参，就是那个著名的故事“曾子杀猪”里的曾子。

孔子的许多学生都有着鲜明的个性，像子路的“勇”、子贡的“能”、颜回的“学”。曾子的特点则显然是“信”。因为“信”，他才会以身作则，即使对孩子也要真诚守信。因为“信”，他才会把对朋友的“忠”与“信”作为与朋友相处的重要法则。

孔子认为，“信”是一个社会的基石，是人与人交往的底线。对个人来说，诚信是立人之本，是做人的道德支柱。而对一个国家来说，祸莫大过于无信。

《论语·颜渊》篇中记载，子贡问孔子如何治国，孔子说要做到三点：第一要“足食”，有足够的粮食；第二要“足兵”，有足够的军队；第三要“民信之”，就是要得到百姓的信任。

子贡问，如果不得已必须去掉一项，去哪一项呢？孔子回答：“去兵。”子贡又问，如果还必须去掉一项，去哪一项呢？孔子说：“去食。民无信不立。”

显然，在孔子看来，治理国家，得到百姓的信任比什么都重要。治国是这样，做人也如此。如果得不到别人的信任，什么事都办不成，自然也就无法取得成功。

在《论语》中，孔子在多个场合反复提及他的这一思想。比如《学而》篇说“言而有信”，《为政》篇说“人而无信，不知其可也”，等等。这与我们今天所强调的团队意识颇有异曲同工之妙。要知道，只有讲信用，人们才会信任你。要使一个团队有好的合作，团队成员之间互相忠诚、互相信任，就显得尤其重要。

而要做到“信”，便要从自我做起。这里所说的“吾日三省吾身”就是要把忠信作为个人修养的基本内容，要求每天检查反省，是不是做到了忠信。

古人对待自身的修为很真诚、彻底，没有任何的敷衍和假饰。这“三省”正是人们处世、为人、学养三方面的反观内照。关于做人准则可能还有很多，但这三个方面很有代表性，放在今天一样有着指导意义。

其实，实事求是地对自己的言行举止做出反省，也就是诚实地面对自我，就是对自己的一种诚信。这种对自我诚信的人生态度，要远远比对他人诚信更加可贵，对我们的人生也更加有助益。

沧溟先生如是说

诚信的形成，家庭教化固然不可或缺，但个体修养更为重要。

这其实就是对自己的要求，要做到不自欺，要时时反省自己的一言一行是否诚信，而不是一味苛责他人没有诚信。要做到这种深刻的自我反省，即要求每个人能够首先坦诚地面对自己，这也就是“慎独”。

# 第十三讲

# 正直者心安

若做官，要做人，事事念念，为义为公，成败利钝，皆无足计……大凡人能清约，即能秉正，事无不可为。

——葛守礼《葛端肃公家训》

生活总有很多难以预料的坎坷与挫折，一般人只想到如何去克服困难，战胜坎坷，可是还有另一个层面，那就是如何克制情绪，战胜自我。

罗斯福在任美国总统之前便饱受生活的打击，命运对这个才华横溢的男人一点儿也不公平，总是用各种磨难来折磨他，打击他。

他患上了脊髓灰质炎，不得不面对高烧、疼痛、麻木以及终身残疾的灰暗前景。可这一切都没能击垮罗斯福，甚至也没能影响他的心情。他依旧那么乐观而充满自信，他的心态依旧那么健康而积极。

正是这种乐观的心态，使他后来带领美国在最令人沮丧的大萧条时期，创造出了令世界瞩目的奇迹。

罗斯福这种健康的心态从一件小事上就看得特别分明。

竞选总统之前，罗斯福已经因为脊髓灰质炎而瘫痪。一次，一个贼光顾了罗斯福家，并使他们遭受了财产上不小的损失。朋友听说了这个消息后，写信来问候并安慰罗斯福，罗斯福却在回信时用轻松的口吻说：

第一，贼只偷了些钱财，家里笨重的家具他却搬不走，所以损失并不算太大。

第二，贼只偷东西，并没有威胁到我和家人的生命安全，这已是不幸中的万幸。

第三，偷东西的是他，而不是我。这应是我最值得庆幸的事了。

能在家中遭窃后还有这样乐观而清醒的认识，可以看出罗斯福的胸怀是多么超凡脱俗，而他的心态又是多么健康积极！

那么罗斯福为什么会如此心安，如此超脱，甚至在遭受窃贼的光顾后还如此轻松快乐呢？

道理很简单，正如这一讲开头引用的葛守礼家训名言所说，如果做官、做人，每件事、每个想法都是秉持“为义为公”的宗旨，那么，得失成败，就都不值得计较。为人能清约，便能秉正；能清约秉正，就可以做到无往而不胜，什么事都能干成了。

一个正直的人，胸怀里有的往往不是自己的私利与私欲，而是天下人的公利与对理想和信仰的追求，这使得他们可以轻松地面对生活里的坎坷与不公，甚至他人刻意的鄙薄与命运有意的打击。

革命家瞿秋白临终前有一篇名作，叫《多余的话》。在这篇遗作里，瞿秋白不仅回顾了自己作为一名革命家的思想成长历程，而且勇于面对、勇于分析、勇于袒露自己内心深处的缺陷与迷茫。

可是这些并未有损于他的形象，反而使他的形象更加光辉，更加令后人景仰。原因只有一个，他所追求的事业、他为之奋斗的理想，是全民族的自由与解放。

瞿秋白是中国共产党早期重要的领导人之一，但是由于他的书生性格，在党内受到一些居心叵测的人的怀疑甚至诬陷。瞿秋白也曾为之苦恼、迷惘，可当人生最大的坎坷到来时，当他落入敌人之手就要走上刑场时，他的心反而平静了下来。

一切过往，历历在目；一切恩怨，亦如轻烟。只有为正义、为公平、为民族的解放而奋斗的理想充塞心中。他平静地写下洋洋洒洒长达一万六千余言的所谓“多余的话”，然后平静地走上刑场，微笑着接受生命的最后时刻。那时候，他的心里没有悲伤，不再彷徨。

一如当年，意气风发的罗斯福突然患上脊髓灰质炎的时候，他并没有因此消沉，并没有因此放弃理想与信念。他一直坚持不懈地锻炼，一直自我勉励，希望有一天能够恢复行走和站立的能力。

可是，虽然他的意志无比坚定，奇迹却终究没有出现。但即便如此，罗斯福也并没有变得心灰意冷。他说，既然上帝不肯改变我残疾的现实，那我也就不再改变我乐观的心态。他疗病的佐治亚温泉后来被世人称为“笑声震天的地方”，因为在那里，人们总能听到一个饱受病痛折磨与命运打击的人的爽朗的笑声。大概只有这样的人，才能为国家与民族谋福利；只有这样的人，才能为世界与人类谋福利；也只有这样的人，才能对生活的磨难与坎坷一笑置之；只有这样的人，才能让自以为无所不能的命运黯然失色。因为他们的心中，装着天下、正义与公平。

走过了大半辈子，经历了人生风雨、命运拨弄的苏东坡，写过一首《定风波》：

**常羡人间琢玉郎，天应乞与点酥娘。尽道清歌传皓齿，风起，雪飞炎海变清凉。**

**万里归来颜愈少，微笑，笑时犹带岭梅香。试问岭南应不好，却道：此心安处是吾乡。**

“此心安处是吾乡”，道出了东坡先生的人生感慨，也值得我们每一个人细细领悟，去用最坦然、最平静的心态，面对我们的人生。

有人说：“人生，正直前行，虽然有时艰难，但如此才能心安，走得更远！”

做一个正直的人，可能会遇到这样那样的阻碍，经受这样那样的挫折；但是，我们不能因为这些艰难困苦而放弃做一个正直的人。

因为，只有始终做一个正直的人，我们才能心安理得，才能在晚年回忆往事时,不至于对自己一生走过的路而感到愧悔。

沧溟先生如是说

其实，每个人都是非常渺小的。面对社会、面对世界、面对宇宙，个人的力量微乎其微；面对命运、面对坎坷、面对生活，个人的抗争有时也显得微不足道。但是，有一个办法可以让渺小的自我成为一种无比强大的存在，让所有貌似强大的压迫与坎坷也变得微不足道，这种力量就是正直与公道。

# 第十四讲

# 光明在每个人的心中

自古圣贤豪杰，文人才士，其志事不同，而其豁达光明之胸大略相同。

——曾国藩《曾国藩家书》

人们总是渴望光明与温暖，于是不断地在黑暗中摸索、寻求，遍寻不着的时候就埋怨命运的不公。可是，大多数人却不知道，真正的光明与温暖并不在别的地方，也不靠别人的赐予，而就在自己的心中。

九十五岁的南非前总统曼德拉去世的时候，全世界近百个国家的元首与政要云集南非，参加了非洲历史上最为盛大的葬礼，联合国也为之降半旗，并称曼德拉是“照耀人类史册的灯塔”。

曼德拉为什么会受到世人如此的尊敬?

这不仅是因为他带领南非人民反对种族主义政策，建立了一个民主自由的新南非，更重要的原因在于他自身的人格力量，在于他身上那种博大、宽容的人性光辉。

曼德拉因为反对白人的种族隔离政策而入狱，经受了长达二十七年的牢狱之苦与非人的折磨。

当时，当权者为了从心志上压垮曼德拉，不仅对他进行隔离看守，还让体弱的曼德拉做苦力，并配备了三名看守每天紧紧地盯住他。在漫长的牢狱生活中，曼德拉经受了常人难以想象的苦难与折磨。

后来，在种族平等运动的大潮下，作为政治犯的曼德拉终于被当局释放。之后，在全民选举中，曼德拉因其个人崇高的威望，被选为南非历史上第一个黑人总统。

在曼德拉的总统就职庆典上，人们惊奇地发现，除了前来祝贺的各国政要以及获邀前来的社会名流，竟然有三个狱卒也在被邀请的嘉宾之列。他们正是当年在狱中看管曼德拉的三个看守。

所有人的心中都很纳闷，这么重要的场合，这么重要的时刻，曼德拉怎么会请他们来参加呢？要知道，这三个看守不啻为当年黑暗的狱中生活的象征，如今手握大权的曼德拉不报复他们也就算了，怎么还能让他们参加这么荣耀的就职庆典呢？

面对朋友的疑问，曼德拉笑笑说："当我走出囚室、迈向通往自由的监狱大门时，我已经清楚，自己若不能把悲痛与怨恨留在身后，那么我其实仍在狱中！"

之后，人们看到了让他们永远难忘的一幕：年迈的曼德拉缓缓起身，向着各国来宾介绍并感谢曾经看押过他的三个狱卒也能亲临现场。然后，他恭敬地向他们致敬。

这一刻，在场所有的来宾与整个世界都安静下来。曼德拉博大的胸襟与豁达的胸怀，让那些残酷虐待了他二十七年的人无地自容，也让所有到场的人为之肃然起敬。

没有什么比一个人的胸怀更宽广，也没有什么比宽广的胸怀更温暖，更光明！

除了温暖与光明，豁达与宽广的胸怀还会带来意想不到的回报。楚王"绝缨之宴"的故事就是一个明证。

春秋时期的楚庄王是一个很有理想、很有作为的君王。一次平叛之后，他设宴犒劳群臣。为了给手下助兴，他还让自己美丽的许姬为臣下添酒。

晚会上，大家兴致很浓，每一个人都很开心。可就在这时，突然刮来一阵风，把大帐内的蜡烛吹灭了，就在大家愕然的时候，突然听到许姬大声地叫喊。

原来，有人趁这一瞬间的黑暗摸了许姬的手，许姬非常恼火，黑暗中拽断了那人的帽带。

许姬在黑暗中大声地说："大王，我已拽断了那人的帽带。请大王立刻点灯抓住这个非礼的人！"

就在手下要重新点亮蜡烛时，众人突然听到楚庄王大声下令："且慢！"

众人一愣，接着又听到楚庄王命令说："各位，请将各自的帽带拽断。"

听了楚王的命令，群臣纷纷在黑暗中将自己的帽带拽断。等到所有人都将帽带拽断后，楚庄王才命人将蜡烛点燃。等到帐内重又回复光明的时候,许姬看着帐内群臣一个个帽带尽断，也就发不出火来了。

虽然许姬不开心，楚庄王却对她说，晚会本来就是让大家尽兴的，酒后偶有失礼，但也没有什么特别过分的地方，若是当场抓住那个摸你手的人，这个人一辈子名誉扫地，一个人的一生也就毁了。

听了楚庄王的解释，许姬释然。这件小事，也很快就被人遗忘了。

后来，楚国与郑国决战，战事发展到最关键的时候，只见一员大将主动请战，奋勇杀敌，一路势如破竹。

郑军因此大乱，楚军最终获胜。

战后楚庄王论功行赏，才知这员大将名叫唐狡。

唐狡此前名不见经传，楚庄王也从未注意过他，想不到他竟然立此大功。可更出乎楚庄王意料的是，唐狡竟然不要求任何赏赐。

楚庄王不解，便问他何故，唐狡感激地对庄王说："大王不知是否还记得那年的绝缨之宴，我就是那个被许姬拽断了帽带的人。大王宽宏大量，唐狡无以为报，唯有舍生忘死以报大王。"

听了唐狡的话，楚庄王哈哈大笑。当时的豁达与宽容，如今终于有了丰厚的回报。

曾国藩在家训中说，自古圣贤豪杰，文人才士，他们的志向可能不尽相同，他们从事的职业也可以千差万别，但他们却都有豁达、光明的胸怀。

后来，楚庄王成为“春秋五霸”之一。果然，胸怀有多大，世界就有多大！

沧溟先生如是说

一般以为，在我们所能见到的自然景观中，最宽广的，是大海；但比大海还宽广的，是天空；而比天空更宽广的，其实是人的胸怀。宽广的胸怀能海纳百川，能包容万物，自然也能创造光明与温暖。所以，豁达者光明，宽容者温暖。

# 第十五讲

# 从小处立身

勿以恶小而为之，勿以善小而不为。

——刘备《敕刘禅遗诏》

凯利年轻的时候是个穷苦学生，为了学费，他不得不兼职做推销员的工作，常常挨家挨户地去推销产品。

一个冬天的傍晚，夜色渐深，凯利饥寒交迫，他已经整整一下午没推销出一件产品了。凯利摸着兜里仅余的几枚硬币，心情沮丧极了，不知道生活的意义和希望到底在哪里。

他又敲开了一户人家的门，一个年轻的姑娘出现在他的面前，凯利看着那美丽的姑娘，不由得自惭形秽，连推销的勇气都没有了。他抿了抿嘴，才不好意思地说：

“能，能……能麻烦您给一杯水喝吗？”

女孩儿看出凯利的饥饿与窘迫，转身进屋，不一会儿便拿了一杯热牛奶出来。

凯利很惊讶，饥饿与寒冷使得他来不及考虑什么，他一口气喝下了一大杯热牛奶后才感觉好多了。

“谢谢，我应付您多少钱？”凯利问道。

“您不用付钱，妈妈说善良是不需要回报的。”女孩儿脸上挂着一种温暖的微笑。

当凯利转身离开的时候，他的内心因为温暖仿佛突然又找到了生活的意义与希望。

很多年后，这个女孩儿得了一种奇怪的重病，后来被送到一个大城市的医院里。这个医院的医生非常尽心，最终治好了女孩儿的病。可女孩儿并不开心，她不知道该如何支付这笔庞大的医疗费。

医院终于送来了账单，女孩儿甚至没有打开看一眼的勇气。可事实终须面对，于是她打开账单，映入眼帘的却是这样一行字：

“一杯热牛奶足以付清全部的医疗费！”

署名正是她的主治大夫哈特伍德·凯利医生。

其实，这个故事的主人公不是凯利，而是那个有着善心的姑娘，虽然为善不求回报，但必定善有善报。

刘备在临终时告诫儿子刘禅说，不要因为一件坏事很小就贸然去做，不要因为一件好事微不足道而不屑于去做。善有善报，恶有恶报，这其实只是“勿以恶小而为之，勿以善小而不为”的一个方面，在儒家文化看来，为小善与不为小恶最重要的意义不是求回报，而是自我的修身，也就是人生品格的树立。

中国民间流传着这样一个家教故事。

一个很机灵的小孩，一次上学偷了同学一支笔回来，母亲知道后，非但没有教训他，反倒笑着说他能干，为家里省下了买文具的钱。

于是，第二天，这个孩子又偷了同学的书本。

母亲还是没有教训他，反而觉得节省了家用，为此沾沾自喜。

于是，这个孩子经常小偷小摸，想方设法占别人的便宜成了一种习惯。

母亲从来没有教训过他，只觉得自己的孩子特别能干。

终于，这个孩子渐渐长大，从偷偷摸摸到抢劫杀人，最后被判了死刑。

在执行死刑前，儿子流着泪想跟母亲说两句悄悄话。但当母亲凑到身前时，儿子却一下子把母亲的耳朵咬了下来。围观的众人皆惊，一向疼爱儿子的母亲捂着血淋淋的耳朵也惊恐地看着儿子。这时，儿子含着泪说："若我第一次偷笔的时候，你能骂我、打我，我又何至于走到今天！"

听闻此言，母亲流下了悔恨的泪水。

小恶处没有防微杜渐，大恶时只余悔恨连连。这就是"勿以恶小而为之"的理由。

佛家还有一个著名的故事，是说佛陀未坐化前，僧团里有一个比丘，他很普通、平凡，却特别善良。每一次有云游僧来，或者有人离去，他都主动在暗夜里擎着灯火，为僧众照明。

这样简单的事，他一做，就做了三十年。没有人特别注意到他，他也只是默默地做自己的事。他最担心灯火不足，或被风雨所扰，不能照明前路，空闲的时候，大家常会见他在摆弄那些灯笼和灯具。

一次，精舍里失了火，灯笼与灯具付之一炬，别人没太在意，他也只是浓眉紧锁，没说什么。到了晚上，又有云游僧来，他依然前去接引，在黑夜中的他，伸出手来，没有灯火，可他的手掌却发出耀眼的光芒，照亮了浓重的暗夜。

见此情景，众人皆惊。佛陀却说，他虽是一个普通的比丘，却积淀出世上最伟大的光和热……

小善的累积最后造就了绝大神通，这种神通在佛家是佛法，人生就是境界。这就是“勿以善小而不为”的道理。

“勿以恶小而为之，勿以善小而不为。”从小处立身，在为善的历程中升华自己的心境，在抗拒为恶的努力中强大内心。这就是修炼，这就是修身。

中国文化中，对积德行善向来十分推崇，甚至成为一种信仰。古代关于行小善而得到意外回报的典故，最著名的就是“结草衔环”。其中，“衔环”的典故，出自范晔《后汉书·杨震传》中的注引《续齐谐记》。

杨震父亲杨宝小时候，在华阴山北看见一只黄雀，被老鹰所伤后坠落在树下。杨宝十分同情黄雀，就将它带回家精心喂养。一百天之后，黄雀羽毛丰满，就飞走了。

当天晚上，有一位黄衣童子来向杨宝拜谢，并以白环四枚相赠。童子说自己是西王母的使者，为杨宝所救，十分感激。四枚白环可保佑杨宝子孙，位列三公，为政清廉，处世行事像这玉环一样，洁白无瑕。

后来果然如黄衣童子所言，杨宝的子孙四代均官至太尉，而且都刚正不阿，为政清廉。他们的美德为后人所传颂。

沧溟先生如是说

为善有大小，为恶也有大小，并不是因为大而惊人才值得注意，事实上越小的善恶越对人生有着本质的影响，因为时光最大的力量便是累积，便是沉淀。

小恶貌似不足为虑，累积起来却可以产生毁掉全部人生的力量；小善貌似不足为喜，沉淀下来却可以成为塑造完美人生的基石。

# 第十六讲

# 要有敬畏心

人生于大事小事，只晓得一个怕字，便不至十分堕落。

—— 李绿园《家训谆言》

有个成语叫“功亏一篑”，比喻事情只差最后一步，却没能完成。这个成语的原句是：“为山九仞，功亏一篑。”说的是要堆一座九仞高的山，只差最后一筐土，结果没有堆成。

在《论语》中，孔子也曾经说过：“譬如为山，未成篑，止，吾止也；譬如平地，虽覆一篑，进，吾往也。”就是说好比堆土成山，只差最后一筐土却停了下来，那是我自己停下来的；又好比平地上堆山，虽然只倒上一筐土，如果决心干下去，那也是可以坚持下去，堆成高山的。

那么，孔子这段话的意思究竟是什么呢？

他其实要说的是，每一个人去做事情的时候，或者半途而废，或者坚持到底，都取决于个人的决心与毅力。有决心，有毅力，纵然刚刚倒上一筐土，也能最终堆成高山；没决心，没毅力，纵然只差一筐土，也不算堆成了高山。

不过，道理虽明，我们却依然有疑问：为什么只差一筐土，辛辛苦苦堆起来的高山，就不算是高山了呢？如果是筑河堤，因为差了一筐土而导致最后的溃堤，这叫作“功亏一篑”，当然说得通；如果是建高楼，因为差了一块基石而导致地基不稳、大厦倾覆，这叫作“功亏一篑”，也容易理解。可是，为什么差一筐土就不算是高山了呢？

差一筐土，山也不会倒。差一筐土，山也不会小多少，更不会矮多少。对于人们常说的高山而言，从视觉上看这一筐土的分量几乎可以忽略不计。既然没有显著恶果，又没有太大区别，为什么这一筐土却最终“功亏一篑”呢？

原来，在古代先民的生活中，第一等重要的不是别的，而是祭祀。《左传》里就有一句名言“国之大事，在祀与戎”，是说祭祀与战争是早期先民最重要的两件大事，而祭祀又排在战争的前面。

《尚书》里又说：“祀，登闻于天。”而且“罔非天胤，典祀无丰于昵”。这是说祭祀的话必须要让天听到，因为部落的神都住在天的高处，不能让天听到的祭祀就不算是丰厚的、发自内心的祭祀。“登闻于天”的祭祀在《尚书》里被称为“元祀”，意即最高级别、最虔诚、最标准的祭祀。

因为要“登闻于天”，要让天与神听闻，所以祭祀前必须要建高山，或者是像高山一样的高台，在这种高山或高台上进行的祭祀，才是最虔诚、最隆重的祭祀。

因为高山、高台为祭祀而设，所以就要发乎赤诚地动手去建、去堆，而不能随便选一高处即可，所以建“九仞”高的山或高台，就成为祭祀活动最重要的基础。

因为“九仞”高的山或高台是为祭祀而用的，是为奉献给伟大的部落神而用的，所以哪怕只差一筐土，也不可以。哪怕别的人看不出来，但只要自己心中知道差了一筐土，也同样不可以。

这种不可以的心态，就是我们的祖先最常有的心态——敬畏心！

古人是非常具有敬畏心的。华夏文明特别讲究传承，所以四大远古文明只有华夏文明从未断裂，延续至今。要讲传承，就必须对天地、对自然、对生命、对文化怀有敬畏心。

曾国藩的家训被世人传颂，其中有个“八宝饭”的说法特别为人津津乐道。

据曾国藩说，这个“八宝饭”其实从他祖父那一辈就开始被当成了传家至宝。

那么，这个“八宝饭”到底是说的什么呢？

其实就是八个字：“书、蔬、鱼、猪、早、扫、考、宝。”

前六个字分别说的一个普通的曾家子弟每天应做的事情，要读书，要种菜，要养鱼，要养猪，要早起，要打扫。结合湖南鱼米之乡的环境看，这其实都是些琐事，尤其对于曾家这样的官宦之家来说更是如此，有些本来可做可不做，可为什么曾国藩延承了祖父的遗训，还是让子弟们遵循并且亲力亲为呢？

原来曾国藩是让孩子们在做事中培养一种心态，他有一句家训名言说：“无论乱世治世，凡一家之中，能勤能敬，未有不兴；不勤不敬，未有不败者。”这也是他在家训中总是把“勤”与“敬”放在一起说的原因所在。所以，在读书、耕作、早起、打扫之后，“考”的作用就凸显了出来。

“考”，就是祭祀祖先。

当然，不一定每天都要有祭祀，可是每天都须有拜祭，而这种拜祭中最重要的就是怀有敬畏心。

事实上，华夏文明的特质是一种典型的祖先崇拜，我们每一个人都从祖先那里来，如果没有敬畏心，我们不仅会辱没祖先的英名，也会辱没自己。

最后的“宝”是与邻里、与他人的相处，只有有了生活的锻炼与敬畏心的培养，才可能共同构建一个真正的和谐社会。

以此来反观社会上那些食品安全事件，那些道德沦丧、底线被屡屡突破的社会事件，无一不在说明敬畏心的缺失才是整个社会的危机根源。

中国传统文化历来重视敬畏心。从古至今，中国人从不缺敬畏，但现代化却似乎和敬畏心无法相容。社会发展，科技进步，我们不再敬畏鬼神，却依然需要怀有敬畏心。

孔子说：“君子有三畏：畏天命，畏大人，畏圣人之言。”人做出悖逆礼义之事，原因就在于不知羞耻，缺少敬畏心。

南宋大学者朱熹在《中庸注》中说：“君子之心，常存敬畏。”敬畏是人生的大智慧，不仅是一种人生态度，也是一种行为准则。敬畏心不是迷信，它是人对自然规律和社会规律，对人与自然和谐应怀有的一种敬重与畏惧心理。这种心理具有警戒与自省的作用，有助于规范与约束人的言行举止。

其实，这样的认识，不仅是古今如一，也可以说是中外皆然。中国人深信“举头三尺有神明”，德国哲学家康德则说过这样的名言：“我所敬畏的，一是头上的星空，一是心中的道德准则。”

沧溟先生如是说

一个人如果没有敬畏心，最终就会为所欲为乃至胡作非为。

一个社会如果整体缺失敬畏心，这个社会就会危机重重，滑向深渊。

一者敬，让人有追求；一者畏，让人有底线。既没有崇高追求，又没有基本底线的时候，不论对个体还是群体，都是最危险的时候。

第十七讲

# 勤俭不同于吝啬

俭，美德也，俗以吝啬当之，误矣。省所当省，曰俭；不宜省而省，谓之吝啬。

——汪辉祖《双节堂庸训》

看问题，要学会看本质，不要轻易被表象迷惑了双眼。

比如勤俭与吝啬，一美一丑，一善一恶，若只论表面现象，看上去就差不多。

我们前面提到的西方文学史上著名的四大吝啬鬼，不论是巴尔扎克笔下的老葛朗台，还是果戈理笔下的泼留希金，他们都有一个共同的特点：不仅对别人十分抠门和小气，甚至对自己也十分抠门与小气。

比如说，老葛朗台有万贯家财，平时却舍不得花一分钱。泼留希金更是抠门得离谱，可谓吝啬到极致，他富得流油，却从来不舍得穿一件好衣服，从早到晚把自己打扮成一个乞丐的模样。而泼留希金还真的去干乞丐、小偷和拾荒者干的事情。

如果从所拥有的财富与自身花销的巨大反差来看，能超过葛朗台与泼留希金的大概就是巴菲特了。

巴菲特被世人称为股神，在2008年福布斯世界富豪排行榜上，他曾经一度超越比尔·盖茨，成为世界首富。即使在寥寥可数的亿万富翁里，巴菲特也是顶尖的存在。

可是，就是这样一位富可敌国的亿万富翁，他的生活却俭朴得让人难以置信。

多年来，他一直住在美国奥马哈的一幢房子里，这幢房子是他数十年前所购的。

在巴菲特家的车库与大门入口处，堆放着许多可口可乐，因为巴菲特喜欢喝可乐是出了名的。但他从来不去店里喝，也不会在零售店里一罐一罐地买。巴菲特总是去超市批发式地购买可乐，这样就能够以满意的折扣一次性订购五十箱，每箱十二罐。这个习惯使他每喝一罐可口可乐，就可以省下几美分。

他很少买新衣服，甚至会把家人为他买的新衣服拿去退掉，他认为旧衣服虽然穿了好几年，但只要还能穿，就应该继续穿。他到香港出差的时候，甚至不在乎“股神”的身份，用宾馆赠送的优惠券去购买打折的面包。

不仅仅是生活上，他在创业的过程中也是这样。

他在年纪轻轻就成为百万富翁的时候，才决定为他的合伙企业添置一台二百九十五美元的 IBM 打字机。即使为了工作与生活的方便，他大多数时候也只开着一辆便宜的老爷车。

巴菲特曾经笑称："我之所以能成为世界首富，是因为我花得少。"

这样一个最有钱却又"花得少"的巴菲特，是不是和吝啬鬼泼留希金们有些相似呢?

表面上看有点儿像，其实仅仅只是表面上看是如此，本质却是截然不同的。

在对自己吝啬的同时，老葛朗台、泼留希金们对他人、对社会同样吝啬，甚至是更加吝啬。

可是巴菲特却不然。巴菲特每年都会向社会及各种慈善基金捐献大量的个人资产。在 2006 年时，他便将个人财富的 85% 捐献给慈善事业。事实上，在这之前，他已经捐献了多达上百亿美元的个人资产。

巴菲特的慈善精神也感动了同样喜欢做慈善的比尔·盖茨夫妇，他们称他的举动实在震撼人心。

巴菲特为世人津津乐道的还有著名的“巴菲特午餐”。他一年一次拍卖与自己共进午餐的机会，拍卖价格从数万美元涨到数百万美元。2012 年，“巴菲特午餐”曾经拍卖出约三百四十六万美元的高价。“巴菲特午餐”拍得的款项，也都被他用于慈善事业。

这个老人如此节俭，却又如此生财有道；富甲天下，却又如此富有爱心。或许这也正是人们希望和这位老人见面，吃一顿昂贵的“巴菲特午餐”的根由所在。

所以，勤俭与吝啬不同。吝啬的背后，我们看到的是人性的黑暗；而勤俭的背后，我们看到的是人性的光辉。

弘一法师（李叔同）的祖上是天津富甲一方的盐商，当地的名门望族。他的父亲李世珍一生惜福，开办义塾，让贫寒子弟可以免费读书，并抚恤贫穷孤寒，施舍衣食棺木，还设了存育所，收养乞丐，为人称颂。

弘一法师五岁的时候，父亲过世，母亲对他的管教也十分严格，一丝不苟。

七岁时，弘一法师开始练习写字的时候，用了整张的纸乱写，一点儿不知爱惜。他母亲看到后，便正颜厉色地说：“你父亲在世时，莫说这样大的整张纸不肯糟蹋，就连寸把的纸条也不肯随便丢掉！”

李家如此勤俭、严谨的门风，对弘一法师一生都产生了持续的影响。

弘一法师晚年回忆说，自己很小的时候，父亲请人写了一副对联，所用的是清朝刘文定公的句子，其中上联是：“惜食，惜衣，非为惜财缘惜福。”他的哥哥也时常教他反复诵读这句话，并铭记在心。正因为如此，弘一法师说：“后来凡是临到穿衣或是饮食的当儿，我都十分注意，就是一粒米饭，也不敢随意糟掉。”

我们平时倡导要节约粮食，要爱惜衣物，不一定是因为粮食供应紧张，或者是因为我们买不起，而是因为这体现了一种正确的世界观、价值观和人生观，是对大自然的慷慨馈赠和耕耘者辛勤劳动的尊重，是对幸福生活的珍视。更何况，当今世界上还并没有消灭贫困，许多人还挣扎在温饱线上；一些贫困地区的孩子，可能连一件像样的衣服都穿不上。

勤俭节约不仅是中华民族的优良传统，也是中国人的一种传统美德。唐代诗人李商隐也有诗云：“历览前贤国与家，成由勤俭破由奢。”说的都是同样的道理。

沧溟先生如是说

勤俭节约其实是修身的一种方式，是严以律己的一种表现——通过在物质层面的自我约束，从而达到精神对物质的超越，最终塑造强大的心灵与博大的人生境界。

而吝啬恰好相反，是精神向物质的屈服，是物欲横流中不知不觉的异化，是心灵堕落后最终被金钱奴役的可笑与可悲。

# 第十八讲

# 有傲骨　无傲气

气节与肆慢不同。肆慢者，以贫贱骄人，必至恃贫无赖，位卑言高，皆获罪之道也……固穷厉志，守义不移，富者不敢傲其有余，贵者莫不敬其有守，谓之气节。

——汪辉祖《双节堂庸训》

著名画家徐悲鸿有一句名言：“人不可有傲气，但不可无傲骨。”

那么，傲气与傲骨的区别在哪里?

汪辉祖的家训以为，傲骨的内涵在于气节、志向，以及操守；而傲气的毛病在于佻慢、短视，乃至骄横。

要搞清这个区别，首先要搞清一个问题：什么人可“傲”？即有什么样的资本才可以“傲”呢?

魏武侯子击当年还在当太子的时候，年少气盛，意气风发，一方面很注重学习，另一方面又心高气傲得很。

一次出行，他远远地看到一个贫寒的儒士赶着一辆破车从对面而来。子击早有留心，认出了这是名儒田子方。于是，远远地下了车，在路边冲着经过的田子方深施一礼。

哪知田子方并没有停车回礼，像是根本没有看到一样，自顾自地赶着他那辆破车就要从子击身前经过。

子击毕竟年轻，见状十分恼火，他上前一步拽住田子方的破车。

田子方只是平静地看着他，什么也没说。

子击愤怒地质问田子方："是王侯可傲？还是寒儒可傲？"那意思是我堂堂太子屈尊纡贵，远远地向你行礼，你却如此高傲，是甚道理？

田子方淡淡一笑说："当然是寒儒可傲礼贤下士。国君傲而失国，大夫傲而失家，这种例子太多了。寒儒只有满肚子的学问，能失去什么呢？你难道不知道周武王虽然能灭掉强大的殷商，却拿隐士伯夷和叔齐无可奈何吗？"

伯夷、叔齐作为殷商的知识分子，在殷商灭亡后，宁可饿在首阳山中，也不肯低头称臣，他们的气节也向来为后人所推崇，所仰慕。

子击想想，确实是这个道理，也就不再生气，然后恭敬地拜别了田子方。后来子击继位后，更是拜田子方为师。作为一国之君，他完全认同田子方"王侯不可傲"而"寒儒可傲"的理论。

寒儒可傲，是因为他们有学识，有理想，有情操，心怀天下，胸中装着天下人的福祉，这种追求与内涵永远不会被侵蚀、被剥夺，这才是“傲”的根本。

据此，我们自然也就可以区分“傲骨”与“傲气”了。

一次，鲁缪公派人送给子思一封信，大意是说，我以一个千乘之国君主的尊崇地位，想跟你交个朋友，你看如何？

子思是孔子的孙子，儒家思孟学派的重要人物，后来的儒家亚圣孟子也是师从子思的门人的。但自孔子之后，孔门家道中落，到子思时已十分贫寒。鲁缪公听说了子思的才学，想与他平辈论交，感觉自己这样纡尊降贵，子思听到以后一定十分高兴。

没想到，子思看了鲁缪公的信后，只是淡淡一笑，对旁人说：“论权势地位，彼君我臣，我怎能与他论友？论学识品德，彼生我师，他怎能与我论友？”前面一句说得貌似恭敬，后面一句却将傲骨显露无遗。

所谓傲骨，是在面对权势、权威时，面临坎坷、压迫时，能凭着心中的学问和思想、理想和情操，不低头、不弯腰、不媚俗、不放弃的品格与坚持。

陶渊明不为五斗米折腰，亚里士多德面对老师柏拉图时所说的“我爱吾师，但我更爱真理”，都是一种傲骨。

而傲气则不然，其本质要么不过是井底之蛙的自以为是，要么不过是自以为有所倚仗的盛气凌人。这在权贵身上常见，在普通人身上其实也常见。

傲气源于没有自知之明，而傲骨源于内心有真正的自知之明。

《道德经》里有一句名言，叫“知人者智，自知者明”，一个真正审视并了解自己的内心、坚持并不懈于精神追求的人，才谈得上是有傲骨的人。

唐代大诗人刘禹锡一生坎坷，屡遭贬谪，但不管命运如何捉弄，都无法改变他的一身傲骨。

“山不在高，有仙则名。水不在深，有龙则灵。斯是陋室，惟吾德馨……孔子云：何陋之有？”我们耳熟能详的古文名篇《陋室铭》就是刘禹锡在连连被贬后写下的不朽杰作。

刘禹锡因为参与革新，接连被贬，最后到今安徽的和县当一个小小的刺史。当地知县一再刁难，半年时间里，刘禹锡被迫搬了好几次家，越搬越小，最后仅能够在极窄小的房子里安身。这间房子小到只能容下一床一桌一椅，简陋至极。

想想这个势利眼的知县实在欺人太甚，刘禹锡心中顿生不平之气，于是提笔写下了这篇《陋室铭》，而且刻在一块石碑上，就放在门前。

他不仅有这篇《陋室铭》，更在应和好友白居易的诗中吟出“沉舟侧畔千帆过，病树前头万木春”的千古名句，劝慰白居易，不必为自己而忧伤，说自己对世事的变迁、仕宦的沉降升浮，早已经云淡风轻了。

这就是诗豪刘禹锡，不论在怎样的环境中，都不改他的豪放本色。

德国哲学家叔本华写过一篇《人生的智慧》，在这篇惊世骇俗的文章里，他说：“不要抛弃贺拉斯的这一句话：‘你必须强迫自己接受应有的骄傲。’谦虚是美德——这句话是蠢人的一项聪明的发明。”“骄傲一般都受到人们的抨击和诋毁，我估计这些抨击和诋毁首要来自那些并没有什么值得自己骄傲的人。”他所推崇的骄傲，同样也是一种敢对世俗说“不”的铮铮傲骨。

沧溟先生如是说

人在这世上，必须有立身的根本，必须有脊梁、有风骨，而且百折不挠、万难不屈，这种可以撑住整个人生的支柱当然可傲，这就是傲骨。

而事实上大多数人更喜欢把权势富贵、身外的倚仗乃至一些小聪明、小才学当作立身的根本，这就是许多人傲气的根源。人生想要真正独立，就必须“不可无傲骨，不可有傲气”。

# 第十九讲

# 逆境中超越自我

盘根错节，可以验我之才；波流风靡，可以验我之操；艰难险阻，可以验我之思；震撼冲折，可以验我之力；含垢忍辱，可以验我之量。

——姚舜牧《药言》

就成长而言，最大的困难是不经磨难，最危险的境遇是不经逆境。

如果，磨难与逆境能来得早一些，而勇于超越磨难与逆境的心能醒悟得早一些，这对人生而言非常幸运。

有一个叫玛格丽特的小姑娘，小时候非常胆小，不敢与陌生人说话，不敢直面别人的目光，甚至上学时也从来不敢坐第一排。

她的父亲了解了这一切之后，非常严肃地对她说："玛格丽特，你明天上学必须给我坐到第一排去。"

"为什么？"玛格丽特小声地问，"爸爸，你又不是不知道，我不敢坐第一排的。"

"孩子，越是怕什么，你越要勇于去面对它。如果你因为怕便躲避，甚至是逃避，那你将永远活在你害怕的那些事情的阴影里。所以，你必须坐到第一排去，而且永远只坐第一排！”父亲用一种不容置疑的坚定语气说。

第二天，这个叫玛格丽特的小女孩在父亲的陪同下来到学校，她终于鼓起勇气坐到了第一排。后来，她克服了自己的恐惧，真的一直坐在第一排。

“永远只坐第一排，这是父亲教给我的面对人生的智慧。”后来玛格丽特回忆说。正是这种“永远只坐第一排”的精神，让她带领英国人民面对着难以想象的各种困难，创造一个又一个辉煌传说。

她就是被世人称为“铁娘子”的女强人、英国前首相撒切尔夫人。

另一个有类似经历的小女孩名字叫安格拉。安格拉小时候也非常胆小，她尤其怕水，甚至连水边都不敢去，更不要提游泳与跳水了。

安格拉的父亲是一位牧师，他常跟女儿说，当你害怕与恐惧的时候，不要紧张，要首先安静地去面对自己的心灵；当你的心静下来的时候，就会变得安定而强大，那时你就会无所畏惧了。

安格拉似懂非懂，直到十二岁那一年，她完全理解了父亲的话。

一天，体育课的内容是跳水，当所有孩子欢笑嬉戏的时候，安格拉却一脸愁容，她不想跳，却又不敢对老师说。当终于轮到她的时候，她站到跳水板上，进也不得，退也不得。

面对着前面看似深不可测的水池，恐惧塞满了小安格拉的心，老师善意的鼓励，让她想起父亲的话。

她终于慢慢安静下来，勇敢地面对自己那颗慌乱的心。在整整四十五分钟之后，她走到跳水板的尽头，面对着她曾经最大的恐惧，一跃而下。

“就从那一刻起，有了后来面对一切困难的勇气。”安格拉回忆说。

正是凭着这种勇气，她带领着整个德意志民族主导欧盟的崛起。她就是著名的女强人、德国历史上第一位女总理默克尔。

还有一个女孩儿，她醒悟得比撒切尔、默克尔还要早一些。

她也是一位女强人，曾是美国第一夫人，也曾是美国前总统奥巴马的竞选对手，她就是美国前国务卿希拉里。

希拉里在自传里回忆说，她小时候也曾是个非常懦弱的女孩儿。

在她大约五六岁的时候，她被邻居家一个叫苏西的孩子欺负了，小希拉里哭着向妈妈倾诉委屈。

妈妈却对她说："回去，争回你的尊严！如果别人欺负你，打你，我允许你回击。你必须学会靠自己来保护自己，我们家容不下懦夫！"

正是妈妈的话，让小希拉里醒悟过来，也让后来的希拉里成为一个举世闻名的坚韧、自强的女人。

后来，希拉里在她的自传《亲历历史：希拉里回忆录》中曾说："父母把我们训练成强悍的孩子，以使我们能面对生活中的任何挫折。父母希望我们能为自己而战。"

三个原本胆小甚至懦弱的小女孩，最终都成长为举世闻名的女强人。她们在英国首相、德国总理、美国国务卿的位置上表现出让世人钦佩的卓越与坚忍品格，不仅展现出自己美好的人生，也带领着各自的国家克服了重重困难，不断向前。

由此来看，她们的国家也应该感谢她们小时候所经受的磨难与逆境，更应该感谢那些引导她们面对人生逆境、跨越人生磨难与超越人生坎坷的智慧。如果没有这些磨难、坎坷、逆境与智慧，她们就不可能成长为后来的她们，她们的人生也不可能惠及她们的国家。

孟子说："天将降大任于是人也，必先苦其心志，劳其筋骨，饿其体肤，空乏其身，行拂乱其所为，所以动心忍性，曾益其所不能。"上天如果要下达重大使命给某个人，就会为他制造一些麻烦，给他各种考验，以锤炼他的意志，增强他的能力。只有这样，才能从艰难中奋起，在忧患中生存。

而明代理学家姚舜牧在《药言》中的名言，则阐释了这样的人生真谛：盘根错节的事务，常常可以检验一个人的才能；波流风靡的世道，有助于检验一个人的节操；艰难险阻的局面，往往能够检验一个人的智慧；震撼冲折的形势，有利于检验一个人的力量；含垢忍辱的处境，则可以检验一个人的度量。

所以，就像高尔基在《海燕》里说的那样："让暴风雨来得更猛烈些吧！”只有经历了人生的风雨，姚舜牧所说的“我之才”“我之操”“我之思”“我之力”“我之量”才能脱颖而出，才能获得人生的成长。

沧溟先生如是说

人生像一把宝剑，有价值的人生自然是一把锋利的宝剑。

宝剑之锋来自何处？古人早有答案，即“宝剑锋从磨砺出，梅花香自苦寒来”。对于人生这把宝剑而言，磨难与坎坷，逆境与挫折，就是必不可少的磨刀石。缺少这些“磨刀石”，人生这把剑最终有可能就只是废铁。

第二十讲

# 生于忧患　死于安乐

岁不寒无以知松柏；事不难无以知君子。

——荀子《荀子·大略》

据《庄子·让王》记载，孔子率弟子周游列国，被围困在陈蔡之间，七天没有生火煮饭，只能喝野菜汤度日，精神疲惫，面有菜色，但他依然弹琴唱歌。

子路叹息：这可真算到了“穷”的地步了。孔子却从容地纠正说：“穷”是用来形容对道没有了解的人的；如今我怀抱仁义之道而遭到乱世的灾难，这不能叫作“穷”，反而是值得欢迎的考验。

孔子接着说了一句意味深长的话：“天寒既至，霜雪既降，吾是以知松柏之茂也。”意思就是，当天气寒冷，霜雪降下以后，我因此得以知道松树和柏树的茂盛。

这句话，其实也是孔子“岁寒，然后知松柏之后凋也”的另一种表达。

风雪严寒对松柏来说是机会，正是在这种条件下，松柏才能脱颖而出。对于人也是一样，大部分时候我们只是作为普通人生活在这个世界上，只有经历了一些事情或挫折，才可能变得优秀。

孔子的话深刻地表明了逆境考验对于一个人、一个民族的重要意义。只有挫折才能激发出人的巨大的精神力量，一种奋发向上的进取动力。逆境困难会绊住大多数人，却会让真正的强者留下来并且更加耀眼。善于从逆境中崛起，奋发有为正是自强不息精神的实质。

《周易·系辞下》曰："是故君子安而不忘危，存而不忘亡，治而不忘乱，是以身安而国家可保也。"意思是说君子安定的时候不忘记可能出现的危险，生存的时候不忘记可能灭亡，国家大治的时候不忘记可能出现的祸乱。

商朝末年，殷纣王把周文王姬昌囚在羑里，周文王怀着满腔的忧思将八卦演化为六十四卦。"作易者，其有忧患乎？"最终作为胜利者的周文王及其后代并没有被胜利冲昏头脑，而是从泱泱商朝的灭亡中认真总结经验教训，从而忧虑周朝是否会重蹈覆辙。

“居安思危”这个经常被人们谈起的成语就是来源于此。

历史上有这样一个真实的故事。

一次，齐、晋等十二国联合出兵攻打郑国。郑国国君慌了，急忙向十二国中最大的晋国求和。晋国同意后，其余十一国也就停止了进攻。

为了表示感谢，郑国特意准备了大批礼物给晋国送去，其中不仅有武器、兵车，还有乐师、歌女，以及钟磬之类的乐器。

晋国国君晋悼公收到这么多的礼物，非常高兴，将礼物分赠给功臣魏绛，说：“这几年你一直为国家出谋划策，事情办得都很顺利。我们君臣就如奏乐一样和谐合拍，真是太好了。现在就让咱们一同来享受吧！”

可是，魏绛却婉言谢绝了，并劝告晋悼公说：“晋国之所以事事顺利，首先应归功于您的才能，其次是同僚齐心协力，我个人有什么贡献可言呢？但愿您在享受安乐的同时，能想到国家还有许多事情要办。有句话说得好：‘居安思危，思则有备，有备无患。’希望您能够明鉴。”

魏绛这番富有远见卓识而又真心诚意的话，使晋悼公听了很受感动，高兴地接受了他的意见。

晋悼公善于纳谏，而唐太宗李世民更是清楚地知道居安思危的重要性。

他对亲近的大臣说："治理国家如同治病，即使痊愈了，也应该加以护理调养。倘若马上放开纵欲，一旦旧病复发，就没有办法解救了。现在国家很幸运地得到和平与安宁，四方的少数民族都服从，这真是自古以来所罕有的。但是，我还是一天比一天小心，只担心这种情况不能长久，所以我是多么希望听到你们的进谏啊。"

魏徵回答说："国内国外得到治理安宁，臣不认为这是值得庆祝的，只对陛下居安思危感到喜悦。"

忧患意识，没有时间限制，也没有特定对象，适用于各个阶层的人。身安，是对个人而言；家安，是对家庭而言；国安，是对国家而言。此外，对于社会组织、企业公司也都是如此。比尔 · 盖茨有一句名言："微软离破产永远只有十八个月。"正是有这样的理念与认识，微软才能够永远走在IT业的前沿，不断地朝着更好的方向发展。

其实，"居安思危"这个成语告诉我们做事应该未雨绸缪，这样在危险突然降临时，也不会手忙脚乱。另一方面，平常若不做好准备，一味临时抱佛脚，即使机会来到我们身边，由于平时没有积蓄足够的学识与能力，以致不能胜任，也只好追悔莫及。

《周易》告诉我们，要经常树立“居安思危”的思想。《屯》卦六三爻辞：“即鹿无虞，惟入于林中。君子几不如舍。往吝。”这是说狩猎之人追鹿到山林附近，鹿已跑入林中，这时候猎人应警惕，追它不如舍弃算了，没有熟悉山林的人当向导，追进去是要吃亏的。

在任何时候，人们都要头脑清醒，保持忧患意识。只有这样，才能使个人得以平安，国家也得以保全。这其实也就是说，生活安宁时要考虑危险的到来，考虑到了危险就会有所准备，事先有了准备就可以避免祸患。

对此，孟子也有“生于忧患，死于安乐”的至理名言。

《孟子·告子下》中说：“人恒过然后能改，困于心衡于虑而后作；征于色发于声而后喻。入则无法家拂士，出则无敌国外患者，国恒亡，然后知生于忧患而死于安乐也。”意思是说人经常犯错误，然后才能改正；在内心中有困扰，在思想上有阻碍，这样一来才能奋发；人的内心想法在脸上流露出来，从声音中抒发出来，这样才被人知晓。一个国家如果没有敌国和外患，这样的国家常常会灭亡。在忧患的环境里可以生存发展，在安乐的条件下反而可能会衰亡。孟子深谙忧患之理，提醒人们用忧患意识自律，用忧患意识看待人生与成功。

逆境中的奋起固然值得赞许，顺境中的前行更是难能可贵。这也是自强不息精神的一种新境界。

沧溟先生如是说

忧患意识是一针清醒剂、一种动力源。

有了这种思想准备，时时警醒，永不懈怠，国家才能长治久安。

而一个人有了忧患意识，他就会不满足现状，或通过反思总结经验，或通过批评揭露错误，或从对事物的肯定中发现问题。这样方能积极进取，永远向前。

# 第二十一讲

# 静的力量

静以修身，俭以养德。非淡泊无以明志，非宁静无以致远。

—— 诸葛亮《诫子书》

一个人品格修养的提高，就像大浪淘沙一样，要靠人生阅历的累积，还要靠时光岁月的磨砺。在这个过程中，关键是要学会反思，学会沉淀。所以，我很喜欢一句名言——

“站立原地，让时光经过自己！”

这，就是一种静的力量。

有一位很有名的作家，他的名字叫居伊德。他当年向另外一位作家学习写作，他的这位老师同样非常有名，名字叫居斯塔夫。

居斯塔夫成名甚早，对年轻的居伊德也很喜欢，尽心尽力地教他写作。

居伊德很聪明，对老师所教的东西一学就会，没过多久，就能独立创作出很好的作品了。居斯塔夫对他的努力与聪明也非常欣赏。

一天，居伊德创作了一篇非常有创意的推理小说，准备寄到报社去发表。那时能在报上发表作品，意味着一个年轻人很快就会声名鹊起。可是，当老师居斯塔夫听到学生想尽快功成名时，非常生气，大发其火，劈头盖脸地把年轻的居伊德训斥了一顿。

居伊德并不服气，他悄悄瞒着老师把作品投了出去，没想到这篇叫《人手模型》的推理小说真的发表了，还获得了不错的反响。

居伊德很得意，心想这样的事实完全证明了自己的水平。可是当他看到老师绷着脸拿着他的作品走到面前的时候，他便再也得意不起来了。

居斯塔夫语重心长地对这个非常有悟性的学生说："能发表作品，并不能证明什么，它只说明你刚刚走上创作之路而已。对于创作而言，开始容易，走得远却非常难，不静下心来，只心浮气躁，注定会浅尝辄止，更不可能成为一个伟大的作家。而你的小聪明和你的心浮气躁将会彻底毁掉你创作的潜力。"

幸运的是，年轻的居伊德领悟了老师的苦心与所讲的道理，他意识到如果再这样急功近利，将永远停留在这种浅薄的初始水平。于是他向老师认错，并请教如何才能真正窥见写作的门径。

居斯塔夫回答说："要想得窥写作的真正门径，除非你能放下一切功名之想，扎扎实实地练好基本功，去观察街头的雕塑，去观察路边的行人，去细细体会他们的点滴之处，当你沉静下来，这一切就会开始变得有意义。"

在老师的要求与指导下，居伊德收起年少成名的功利心，每天到路边街上去安静地观察路人，体会眼中的人生百态，体悟身边的悲欢离合。这样过了好几年，他的心变得越来越沉静，他笔端流出的文字也变得越来越神奇。

直到发表《人手模型》之后的第五年，他才重新专心致志地创作了一篇新的小说。这次他没有瞒着老师，而是首先拿去让居斯塔夫过目。

居斯塔夫一口气读完居伊德的新作品后，拍案叫绝。

"可以了，从今天起，你可以把作品拿去发表了。而且，我敢断言，这篇作品一定会不朽，而你将来的成就也一定会超过我，成为真正的文学大家。”居斯塔夫老师无比激动地说。

果不其然，居伊德的这篇作品发表后引起了轰动，并如居斯塔夫所预言的那样，成为世界文学史上的经典名作。

这篇居伊德沉寂五年之后再创作的作品名字叫作《羊脂球》。而它的作者，那个曾经急功近利、年轻浮躁的居伊德，那个后来安安静静、宁静致远的居伊德，就是号称世界三大短篇小说大师之一的法国著名作家莫泊桑。居伊德是他的名，而莫泊桑则是他的姓。

他的老师居斯塔夫就是法国著名作家福楼拜。同样，居斯塔夫也是他的名，而福楼拜则是他的姓。

如果福楼拜没有懂得“宁静以致远”，就永远不会有懂得“静以修身”并终致大成的莫泊桑。

大学士苏东坡曾经写过一首很俏皮的诗：“无事此静坐，一日似两日。若活七十年，便是百四十。”在俏皮的话里，苏大学士要表达的是静的力量。如果可以静下来，时光可以翻倍，生命可以延长，人的品性与品格自然也会在其中得到升华。

所以，诸葛亮的这句“非淡泊无以明志，非宁静无以致远”，真是充满了人生大智慧的家训名言。

清代中兴名臣曾国藩，年轻时也曾心浮气躁，一身毛病；后来经名师指点和自我修炼，终于成就了一番事业。

曾国藩有一句名言：“内心清静，自有远大。”他所主张的静是潜伏，是蕴藉，是在安静的状态中积蓄生动的意念。心中守住这样的感觉，既安详，又充满生机，这才是君子守静的根本。

事实上也确实是这样，当一个人能身形安静、思虑安定、胸襟安详的时候，他的智慧与思维能力也会比心浮气躁的时候提高很多。

我们常说“急中生智”，这其实是个误区。一般人只会“急中生愚”，而大多数情况下是“静中”方能“生智”。比如禅宗的“禅”字，其原意就是“静虑”的意思，也就是要在宁静中过滤人生的是非，从而达到人生彻悟的境界。

曾国藩一生都认为静坐十分重要。自从得到理学大师唐鉴的教导之后，他就开始养成每日静坐的习惯，也就是找个没人的地方，独自安神静气地坐一会儿。

这样做的功效果然不一般，没过多久，曾国藩身上那些浮躁的毛病还真的就慢慢离他而去了。

沧溟先生如是说

无论是一个人品格的养成，还是各种素养与技能的提升，不仅依赖于成长的环境、学习的习惯与实践的磨炼，更依赖于自我内心的沉思与反省。而沉思与反省必须有赖于静的力量。水静下来，可以映照自然风光；心静下来，可以照见人生风景。

第二十二讲

# 四季品性

春夏发生，秋冬肃杀，天道也。惟人亦然。……固要岩岩特立，令人不可干犯；亦须有蔼然气象，予人可近。

——汪辉祖《双节堂庸训》

鲁迅先生有句名言:“横眉冷对千夫指,俯首甘为孺子牛。”

一是“横眉冷对”,一是“俯首甘为”,一种人生,为什么会有两种姿态呢?

其实还不止两种,《雷锋日记》里有句被广为传诵的名言:“对待同志要像春天般的温暖,对待工作要像夏天一样火热,对待个人主义要像秋风扫落叶一样,对待敌人要像严冬一样残酷无情。”

这话说的固然是处事的态度,但在品格修养中其实也有相通之处。

一个人的品格其实是一个人立身处世的根本,可我们所处的这个世界却是纷繁复杂,甚至是变化多端的。在信仰层面,固然要有以不变应万变的终极追求;但在现实层面,同样也应该有因势利导、因地制宜、因人而异的变通。

阳明心学创始人，明代思想家、军事家王阳明也是文章大师，尤擅写信。他被贬黜到贵州的时候，掌管当地军政大权的水西宣慰使安贵荣想撤朝廷的驿站，王阳明写了一封义正词严的信，就打消了安贵荣的念头。王阳明不仅眼光深远，而且勇气可嘉。在平息江西匪患时，他又写了一封给土匪的信——《告谕浰头巢贼书》。按道理写给土匪的信应该是檄文，征战的檄文，但这封信却写得很有温情。

这封信首先表达的是理解与同情。

王阳明落笔说，被人骂做贼，人所共愤。人家骂你，你肯定恨。人家不但骂你，烧你的房子，劫你的财，你必仇恨切骨，宁死必报。但问题是，你们现在这样对别人，别人不一样这样痛恨你们吗？人同此心，心同此理，你们肯定也理解这个道理，走上这条路肯定有不得已的原因。“或是为官府所迫，或是为大户所侵，一时错起念头，误入其中，后遂不敢出。此等苦情，亦甚可悯！”

这段话真是温情中又带严厉。王阳明说，你们肯定讨厌别人骂你们是贼，但你们现在自己做的就是这样的事。这里就把这个土匪定性了。

王阳明要平息的固然是匪患，因为这些人不仅针对官府，对平民百姓也同样劫掠。劫掠百姓、祸害百姓，这就是盗匪，这就是天理不容。

但是，王阳明又对他们的遭遇表示了理解。他从人性本善的前提出发，认为一般人都是为暴政所逼，为官府所迫，为大户所侵，一时糊涂，才去做土匪的。这里，王阳明不是以一个官员的身份说话，而是以一个朋友的身份说话。

接着王阳明笔锋一转，敞开心扉进行告白。他说：我理解你们的苦难，我站在你们的立场上为你们想这些的时候，自己终夜不能安寝。作为父母官，我应该替你们思考一个解决的办法和出路。那么，解决办法是什么呢？谈判，合作。你们走上了歧途，我救你们回来。

王阳明分析利害说，做土匪是高风险行业，也得不到多少利益，常常也是饥一顿饱一顿。做土匪到最后身死家灭，亲人都不能保。而你用心去耕种，做商贾，一样可以致富。这样的生活理想以前不可实现，是因为执政者没有致良知，现在我来了，我愿意帮助你们，让你们可以耕种，可以做生意，不用再过那种提心吊胆的生活了。

最后，王阳明在信中说：你们要不听我的良言相劝，最后兵戎相见，说实话你们是打不过我的。但真的到了最后不得已必须兵戎相见，我心里也会很难过。我们本来可以做兄弟的，不必走上这条绝路，你们一定要好好想一想啊！

这封信，可以说是一封写给土匪的情谊之书。不仅有理、有利、有节，而且有情、有意。在以理服人之外，又以情动人。

这封信发出后，立刻收到奇效。

就这简简单单的一封信，在土匪中引起了巨大的心理冲击，导致匪帮内部发生了分化，最后王阳明区别对待、各个击破，能劝降的劝降，能收编的收编，负隅顽抗的则坚决彻底地予以消灭，最终顺利地解决了江西多年来困扰一方平安的匪患问题。

前面提到的汪辉祖家训告诫我们，春夏秋冬四季更替，春夏之季温暖和煦，适合发育生长，秋冬之季寒凉冷酷，万物肃杀凋零。这是自然的规律。人也一样，要有和蔼可亲的一面，让人可以亲近；也要有大义凛然的一面，令人不敢轻视。

历史上那些品性高洁、为人称颂的杰出人物，在品性修养上都体现着人性的光辉。

一向古板的曾国藩在与家人与朋友相处时，其实是一个非常爱讲笑话的人。宋代的大改革家范仲淹一向以铁面无私著称，可他在与友人及家人相处时却时而有谐趣的表现。

这些现实的生活面貌，折射着他们的“四季品性”，更折射着真实而丰富的人生。

值得注意的是，这样的所谓四季人格，并不是刻意为之，而是一个人丰富的人格遇到各种人生境况时的自然流露。若是矫揉造作，就会显得拙劣。

在现实生活中，我们发现有一些人因为种种原因被推到了按其人格修为完全不能胜任的高位，也就是中国古人所谓的“德不配位”。

这样的人，往往不是凭真本事和高尚的德行得以晋升，而是靠溜须拍马等不正当手段上位的，根本无法驾驭局面。他们为了保位，要么继续溜须拍马，瞒上欺下；要么求助于巫婆神汉，祈求邪神保佑。而为了装点门面，他们有时也会学习一些应付局势的表面功夫，或道貌岸然，或扭捏作态。这样的拙劣表演，虽然能骗取一时的社会名声，一旦遇到真正的考验，必然原形毕露，为人们所唾弃。

**沧溟先生如是说**

一个人的品性既要有柔的一面，又要有刚的一面；既要有刚中带柔的一面，又要有柔中带刚的一面。就像一个著名的广告语说的那样——“男人，不止一面！”其实，不只是男人，每个人都不应只有一面。就像四季，就像自然，一个丰富的、立体的人，才是真实而生动的人。

第二十三讲

# 身在人生境界的最高处

**才能知耻，即是上进。……**

**立身无愧，何愁鼠辈！**

——吴麟徵《家诫要言》

一者知耻，一者无畏，看上去两者完全相反，其实是人生品格塑造的两端。

《礼记·中庸》篇里有一句名言，叫“知耻近乎勇”，后人更喜欢说成“知耻而后勇”，而“勇”与“智”“仁”一起被称为儒家“三达德”，可见知耻是树立“勇”的一个重要的先决条件。因为知耻，所以有大勇；因为有大勇，所以人生才有大无畏。

宋代大改革家范仲淹幼年丧父，两岁时就成了孤儿。母亲带着年幼的范仲淹生活无以为继，万般无奈之下，只得改嫁到一户姓朱的人家，范仲淹也不得不跟着母亲来到朱家，并改名朱说。

因为年龄实在太小，渐渐长大的范仲淹对幼年的事毫无印象，只知道自己姓朱，并不知道自己原来姓范。一直到二十岁的时候，有一次，他在教育朱家堂弟的时候劝说他不要奢侈浪费，不要玩物丧志，这位堂弟激愤之余，冲动且不屑地说："我自用我朱家的钱，又没用你范家的钱！"说完之后，才知自己说漏了嘴。

原来朱家一直都瞒着范仲淹这件事，包括母亲也一直瞒着他，只有范仲淹一个人被蒙在鼓里。

因为堂弟的话，范仲淹慢慢发现了真相，终于知道了自己原来并不姓朱，而是姓范。二十岁的范仲淹为此感到深深的羞愧，觉得愧对范家列祖列宗。

他一直认为自己是一个顶天立地的轩昂男儿，堂堂男子汉，不仅不能自强自立，弘扬祖先的遗志与光辉，反而要寄人篱下，托庇于朱家的呵护，这不仅愧对范氏的祖先，也实在愧对自己心中远大的人生抱负与志向。

范仲淹下定决心，辞别母亲与继父，坚决自立门户，并将朱姓改回范姓，从此发愤图强，立志要成就一番伟业。正是这种决心，造就了后来的范仲淹，也造就了他大勇的品格。

从家庭、身世之耻，到慨然有天下志，范仲淹终于成为北宋一代名臣。

作为北宋一代名臣，范仲淹最大的功绩在于先王安石开辟并领导了宋代历史上第一场重要的改革运动，即庆历新政。

在改革中，范仲淹充分发挥了他大勇的品格。为了改革顺利推进，他加大了对腐败官员的清查力度，并亲自领导反腐败运动。据史料记载，对腐败分子，他一经查实，就会在官员名册上一笔勾去其名字，撤掉他们的职务，绝不姑息。这也是“一笔勾销”这个成语典故的由来。

他的同僚富弼总是劝他不必如此刚正，说大人你这样一笔下去，就是一个家庭乃至一个家族的灾难。

范仲淹却回答说，若姑息一人，可就是一路一省百姓的灾难啊。

在范仲淹雷厉风行的改革措施下，北宋政治面貌为之一变。可是，因为改革触动了既得利益集团，他们想尽办法反扑，开始不择手段地对改革派造谣中伤，甚至人身攻击。

这就要说到一个千古谜案，即千古名作《岳阳楼记》的由来。

范仲淹创作《岳阳楼记》的时候并没有到过岳阳，也没有见过“衔远山，吞长江，浩浩汤汤，横无际涯”的八百里洞庭美景，他为什么能宛如登临、犹似亲见呢？

原来是当时滕子京在湖南岳阳重修了岳阳楼，想让好友范仲淹写一篇楼记以为新楼增辉。考虑到范仲淹不能亲至，滕子京便让人画了幅《洞庭晚秋图》送给了范仲淹，以便范仲淹观摩体会。

但即使这样，一般人也不会仅凭一幅图画便答允作文。那范仲淹为什么会答应动笔，又为何一出手就创作出这样一篇名垂千古的不朽佳作呢？

答案都在那句千古名言——“先天下之忧而忧，后天下之乐而乐”，以及最后的那句感慨——“噫，微斯人，吾谁与归”。

原来，范仲淹作为庆历新政的改革派领袖，滕子京正是他改革运动的得力干将与志同道合的挚友。在既得利益集团的恶毒攻击下，先是庆历四年（1044 年）滕子京被贬官到岳阳，继而到了庆历五年，范仲淹也受到攻击并被贬官。

范仲淹的离开，标志着宋代历史上第一次重要的改革运动庆历新政的失败。

真的猛士，敢于直面惨淡的人生，敢于正视淋漓的鲜血。

虽然备受小人的诬陷与攻击，虽然屡遭贬官的坎坷命运，但范仲淹与改革同仁还是百折不挠，以心中的理想与天下之志相互激励。

因此，当滕子京邀请范仲淹为岳阳楼题记时，身处噩运中的范仲淹虽然没有亲临岳阳楼,只是对着一幅图画便欣然命笔，以一种绝大的胸怀提笔而就千古名篇。

所谓“先天下之忧而忧，后天下之乐而乐”，正是仁人志士修身齐家治国平天下之远大抱负的展现；所谓“微斯人，吾谁与归”的感叹，正是高洁之士遗世独立却凛然不可侵犯的高贵品格的展现。

身在人生境界的最高处，自然大无畏，自然不可犯，志士仁人，以此相互勉励，借此携手前行，这世上便没有什么能阻挡他们前行的步伐，这才是士大夫作为民族脊梁应有的情怀与抱负。

本文开头所录吴麟徵《家诫要言》中的两句话，意思是一旦知耻，就是奋发上进的开始。无愧地立身于世，对那些无良鼠辈根本不必在意。

范仲淹的一生就完美地诠释了“一者知耻”与“一者无畏”

的人生境界。“人”字一撇一捺，写来容易，做来难。尤其要书写一个大写的真正的“人”，品格高洁才是根本。

沧溟先生如是说

孔子说：“好学近乎知，力行近乎仁，知耻近乎勇。知斯三者，则知所以修身。”这是说，没有学习，没有品格的修养，没有大勇的智慧与精神，人生就不可能有根基，就不可能成长，就不可能辉煌。而一旦有了品格修养的根本，人生境界，便自在高处，不可动摇。